地域研究ハンドブック

行政からの調査協力を上手に得るためには

中野邦彦
本田正美［著］

勁草書房

はじめに

本書は，地域の課題や政策について調査研究を行う際に，公共機関を対象に調査を実施することに焦点を当てた実践の書であり，とりわけ自治体に焦点を当てる。現在，私たちの生活に直接関わるような様々な政策の主体が自治体であることは論をまたないであろう。地方分権が進む中で，自治体の役割は重要性を増し，政策主体として取り組む事柄は広範に及ぶ。日本政府として推進しようとする各種政策も，実際のところ，現場レベルで政策の主体となるのは自治体であることが少なくない。

たとえば，各種展開される地域政策では，その主体はもっぱら自治体となる。政策の主体となる以上は，政策研究でも自治体が主要な対象となる。

政策主体としての自治体を扱った研究はすでに膨大な数があり，ここであえて紹介するまでもない。しかし，既往研究の数が増加する中で，ある種の当然視されてしまっている領域がある。それが本書の扱うところの調査手法の問題である。自治体を対象に調査を実施すること自体もすでに半ば当然視され，具体的な事例を扱った実証研究も膨大な数にのぼる。そのような中で，調査を完遂すること自体が自明となり，どのように調査を実現するのかという観点が見落とされることになる。

すでに発表されている研究結果は調査が完遂したゆえに公表に至っている。その裏には，調査が完遂しなかったり，そもそも調査実施に至らなかったという事例もあることだろう。本書は，政策主体である自治体を対象とした調査を「いかに実現するのか」に焦点を当てる。

なお，繰り返しになるが，本書はあくまでも実践の書である。筆者の二人は研究者であるが，その内容は必ずしも研究で実証された事柄ではない。ただ，筆者らが経験した数々の調査に裏付けられた内容となっており，今後の調査実践において有用な情報を多数含んでいると確信している。

2020年時点においては，コロナウイルスの影響により，これまで当たり前に計画できていた調査デザインを行うことが非常に困難になってきている。本書では，この点について，調査対象先から断られにくいような現実的な対応策についても言及している。

一人でも多くの調査者が，本書を携えながら実際の調査に臨むことを望んでいる。

1．本書執筆のきっかけ

本書の執筆は，筆者らの研究に寄せられた多くのコメントがそもそものきっかけになっている。それは，「なぜ，毎回このように高い回答率を維持できるのか？」というものである。筆者らとしては，調査を実施するにあたって細心の注意を払い，最大限の努力をすること以外には特別変わったことをしているという実感は全くなかった。一方で，色々な分野の研究者や，調査会社の人たちと話をしてみて初めて気づいたことであるが，我々が当たり前と考え実施していることが多くの場合実施されていなかった。また，実際に多くの自治体の職員さんからも調査に対応する際の苦労話を聞かされる。

行政を対象とした研究は数多く存在する。また，実際に行政を対象としていないにしても調査・研究を実施するにあたって行政の協力を得ながら実施しているという研究は枚挙にいとまがない。

これらの調査・研究に関する書籍は数多く出版されているものの，行政というある意味「特殊」な対象を研究するにあたっての参考書として位置付けられるものはなかなか見つけることができない。筆者らは，これまで10年以上にわたって，自治体を対象にした調査に様々な形で関与してきた。また，研究者という立場で自治体シンクタンクにおいて勤務した経験もある。本書は，これらの経験から行政の実態を踏まえた上で感じた調査ハンドブックの必要性に基づいて執筆された。

2．本書の位置付け

本書は，大きな区分では社会調査の参考書の区分に入る。ただし社会調査を実施するにあたって本書一冊だけでは不十分である。本書は，社会調査を一から学びたいという読者にとっては必ずしも適していない。社会調査に関する基本的なことは一通り学んできたことを前提にしており，その上で，現状の調査をより良いものにしようと考えている人のためのものである。

本書は，「地域研究ハンドブック」と銘打っている通り，地域における政策体である行政を対象に調査を実施しようとする際の参考書である。量的調査，質的調査ともに素晴らしい参考書がすでに数多く存在している（図１の①〜④）。一方で，「調査への協力を取りつけるという視点」に関しては，多くの参考書では触れられていないか，仮に触れられていたとしてもほんのわずかな記述に止まっている。実際，一般的な社会調査の参考書を読んでみても，調査を実施するにあたっての基本的な考え方や理論的な側面に焦点を当てた記述が多く，実際に調査を実施するフェーズに関しては各々の研究室などの内部のみで共有されるに止まっていることが多いように感じる。本書はまさに，特に行政を対象とした調査を実施する際の「協力を取りつけるという視点」に焦点を当てた

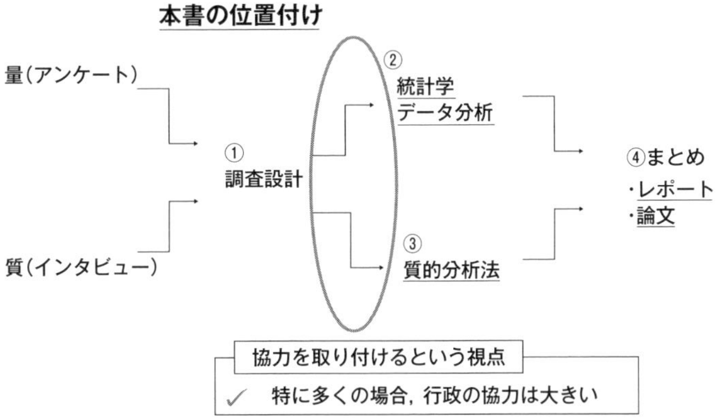

図１　本書の位置付け

ものである。実際，一般の人を対象に調査を行うのとは異なり，行政を対象に調査や協力依頼を行う際には，最低限行政のルールやマナーのようなものを知っておいた方が良い。また，これらのことにほんのすこし注意をするだけで，行政とのコミュニケーションは非常に円滑に進む可能性が高い。

3．本書の想定している読者

本書の想定している読者を簡単に定義してしまうと次のとおりである。まず，「行政を対象に調査（協力の依頼）を実施しようとしている人」である。次に，「調査の回答率（協力してくれる）を向上させたいと考えている人（行政から調査協力を得られるようにする方法）」，このような人に向けて執筆したのが本書である。

以下に，読者の立場によって本書の使い方をどのように想定しているかを簡単にまとめる。

①研究者（特に行政との関連性の強い分野）

本書の一番の読者は，なんといっても，行政を対象として研究を行っている研究者である。すでに，多くの研究を実施しているが，なかなか思うように調査協力を得られないという場合に手にとってもらいたい。

②研究者（行政との関連性の薄い分野）

行政を対象とした調査や研究に直接関係のない研究者でも，様々な事情で行政からの協力を必要とする場面は出てくる。筆者はこれまで，そうした研究者から，そもそもどうやって行政とコンタクトを取れば良いかがわからないといった類の相談をよく受けてたきた。本書は，このような研究者たちが行政から協力を得るために必要なことを学ぶことができる。

③学部生，大学院生

先述した通り，実際に調査を実施するにあたってはすでに社会調査法に関する素晴らしい教科書がいくつも存在している。社会調査法の教科書を１冊しっかり読み込めば，十分にしっかりした調査計画を立案し実施することが可能となるだろう。しかし，実際に調査を実施しようとすると，これらの教科書だけでは必ずしも十分ではない場合も生じる。

たとえば，調査の依頼方法や，調査に協力してもらう方法についてであり，また調査票の回収率を上げることや，調査協力者の数を十分に確保できるかなど，調査の実践的な部分に関してのノウハウが紹介されている参考書は必ずしも多くない。本書は，実際の調査を行う際に既存の教科書では手の届いていない点を補うことを特に意識して書かれている。

④高校や大学等において地域学習に関連する講義をなさっている先生方

近年，地方創生の流れの中で，地域学習の講義や実習が増えてきている。これらの講義を進める際に行政に対しての問い合わせや調査協力，場合によっては講義の一部をお願いする機会も増えてきているだろう。筆者らも大学の教育現場に身をおく中で，このような場面を多く経験してきた。

これは極端な例ではあるが，近隣の小中高から，大学までが一斉に同様の課題を出したことで，大量の協力依頼が行政の現場に届き，いわゆる「調査被害」と呼ばれる状況が発生してしまうことがある。一度このようなことでクレームを受けてしまうと，教育現場が必要以上に萎縮してしまい，学生の行政に対する調査やヒアリングを一律で禁止してしまうという対応も目にしてきた。

本書を一読することで，これらの演習を実施する時に最低限のマナーを踏まえた上での対応が可能となる。

⑤行政職員

本書の意図するところからすると，若干奇異な印象を与えるかもしれないが，調査に協力をいただく行政職員の方にも本書を一読していただきたいと考えている。筆者らの経験では，大半の行政職員の方には貴重な時間を割いて大変丁寧な対応をしていただいている。しかし，残念な対応をされたことがないわけでもない。こちらに失礼があった可能性も当然に存在するが，数多くの調査実施の経験を踏まえて，理解し難い対応があったことも間違いない。そのような対応があった一因は行政職員の方の研究者（あるいは調査）に対する誤解や無理解があったように思う。行政職員の方が本書を手に取る機会は多くはないかもしれないが，本書を一読していただくことで，研究や調査がいかに行われているのかを理解していただけると幸いである。

研究者および調査者と調査対象となる行政の間に生じる可能性のある無理解ゆえの不都合が本書によって少しでも解消されることを願っている。

4．本書の構成

以下，本書の構成は表１に示す通りである。また，各章ごとに，全国の自治体の職員の方々にコラムを執筆してもらっている。これらのコラムでは，自治体の職員という視点から，外部からの調査依頼をどの様に受け止めているのかについて生の声を掲載することを目的としている。

第１章においては，そもそも論になってしまうが「行政を調査対象にすること」の意味について考える。

第２章では，行政を対象とした調査を設計する際に注意すべき点について考える。ここでは，どのような調査計画であれば実現可能性が高く，逆にどのような計画であれば実現可能性が低くなってしまうかについて考える。

第３章では，第２章での調査計画に基づいて，どのような準備を元に調査を実施するかについての手順を示す。①先行研究や関連事例の探索や，②調査までに準備しておくべきこと，③事前調査について，④本調査についてと順を追って説明する。

第４章は，本書の最大の売りである「調査協力を得る方法」から「調査への協力先を増やすための方法」について実践的な例を示しながら，調査のノウハウを示す。最後に，コロナ時代における行政を対象とした調査のあり方について，現状を踏まえた上で今後調査を実施する際の視点について端的に示す。

第５章では，実際に筆者らがこれまで実施してきた調査を用いて実例を示す。ここでは，量的研究方法としてアンケート調査の実例を一つずつ紹介する。

第６章では，質的研究方法としてインタビュー調査について実例を示しながら紹介する。

第７章は，調査結果の入力や管理方法についてである。調査を実施したこと

表1　本書の構成

第1章	公共機関を調査対象とすること
第2章	調査設計時の考え方
第3章	実査までの手順
第4章	調査協力のアポイントの取り方のコツ
第5章	アンケート調査の調査プロセス
第6章	インタビュー調査の実施
第7章	データの整理
第8章	調査を終えるにあたって

で満足してしまい軽視しがちであるが，データ関連付けができなくなってしまったり，調査票が紛れてしまったり，最悪の場合紛失などしてしまったら一大事である。このようなことにならないためにも，どのように管理するかについてまとめる。

第8章では，調査を終えるにあたって必要なこととして，報告書や研究論文としての公表時に気をつける点についてまとめている。加えて，調査上級者に向けてさらに考えておくべきことについて何点かまとめている。

目　次

第1章　公共機関を調査対象とすること

本章においては，行政を対象に調査を実施するということについて理解することを目標とする。まず，そもそも行政を対象として調査を行うことについて考え，行政を対象とすることの利点と，それを行うことの困難さについてまとめる。次に，行政，ここでは国や自治体等が主体となって実施する調査についてと，行政が実施した調査を調べるための方法について，簡単に紹介する。

1.1　行政を対象にした調査の事始め

筆者の二人は東京大学大学院学際情報学府の出身である。この大学院に，社会情報学研究法という演習科目があった。この演習の中においては，演習課題のひとつとして，それぞれ取り上げたテーマについて，関係する人物にインタビューするというものがあった。

著者の一人である本田は，この課題で，千葉県市川市 CIO（情報政策監）の井堀幹夫氏やニフティ株式会社法務部の鈴木正朝氏（現新潟大学教授）にインタビュー調査を行った。井堀氏は筆者らの指導教員である須藤教授からの紹介で，鈴木氏は受講生の社会人学生に面識のある方がおり，その伝手でインタビュー調査が実現した。今思えば，お二人ともその世界では大変著名な方で，大学院の課題のインタビュー調査に協力をいただくのは畏れ多いことだった。それでも，その時のテーマについて大変詳細なお話をいただき，演習での成果発表は上首尾に終わり，その際の議論も盛り上がったことを覚えている。何より，実際に当事者の方から情報を得ることの重要性や必要性を学ぶことができた。

この演習では，インタビュー調査の方法について詳しい講義などはなかったように記憶している。相手のあることだから失礼のないようにということは注意されたが，とにかくやってみるというのが実情だった。演習では，調査手法そのものに重点は置かれずに，インタビュー調査の結果をもとに議論することに主眼が置かれていたことから，そうなっていたのだろう。ただ，調査方法への関心の薄さはことあるごとに筆者らが痛感することであり，大学院の演習の段階からそれは通底していたことになるだろう。

その演習の受講生の中には後に研究者になった者も少なくない。しかし，行政を対象とした調査を見た場合，研究手法として筆者らのようにアンケート調査やインタビュー調査を用いている者は決して多くない。行政を対象にした調査研究は社会的にも有意義なことであると考えるが，実際にはその担い手が少ないのが現状だろう。

その理由は様々にあるとは思うが，そのひとつに一般的な調査方法と比べた際に，アンケート調査やインタビュー調査には特に準備やアプローチのプロセスにおいて少なくない数の障壁があることが考えられる。実際に，アンケート調査やインタビュー調査を行おうとしても，様々な困難がつきまとうことから，何度も取り組むということにはなりにくいように思う。

筆者らの出身研究室には，その後にも大学院生が入学して来て，なかには行政を研究対象として，アンケート調査やインタビュー調査を研究手法として採用する院生もいた。その際に，筆者らも相談に乗ることもあったが，少なくない場合に調査の実施そのもので躓くことが見受けられた。結局，当初想定したとおりに調査を完了させることができず，論文にうまく反映させられないという例も少なくなかった。

筆者らは研究者として行政を対象に研究を行うようになって，何度も一緒に調査を実施し，その成果も発表している。ただ，その都度，調査を実施しようとなって周囲を見渡すと，協力を得られそうな研究者自体があまり多くないことに気付く。社会的には，政府や自治体，シンクタンクや大学をはじめとして，行政を対象にした各種の調査や研究が実施されているが，ことがアンケート調査やインタビュー調査の実施となると，協力を得られそうな人が実際にはそう多くないのだ。はっきり言ってしまうと，行政を対象にしたアンケート調査やインタビュー調査は等閑なものが多い。

本書を執筆するきっかけは，行政を対象にしたアンケート調査やインタビュー調査が「まともに」行われておらず，その担い手も少ないということにある。そして，その担い手の少なさは，調査方法について有用なガイドが存在しないことに起因するのではないかと考えている。そこで，本書をガイドとするために筆を執った次第である。

本書を始めるにあたって，調査を実施する際の全体像やプロセスについて簡単に確認していきたい。

まず，何を調査するのか。調査目的を明確化する作業を行う（→詳しくは第２章)。これは研究テーマの設定ということに直結する。先に紹介した大学院の演習の場合，複数人の受講生の間で話し合い，その中で扱うテーマを決定する作業を行ったが，研究論文の作成であれば，まずは一人で研究テーマの設定について考える必要がある。この設定が上手くできないと，そもそも調査を始めるべきではないが，見切り発車で調査を始めてしまう事例もないわけではない。調査結果を見て，研究テーマを後付けで設定するという事例も見聞きする。探索的な調査と言えば聞こえが良いが，テーマ未設定で調査を行っても思うような結果が得られず，ただ調査を実施しただけということにもなりかねない。

研究テーマの設定が済んだら，そのテーマに応じた研究方法を考える必要がある（→詳しくは第３章)。ここで，アンケート調査やインタビュー調査を実施することが検討されることになる。たとえば，ある地域政策を取り上げることとして，その先行事例を探れば，いくつかの自治体を見つけることができる。少なくない場合に，当該政策テーマについて必ず名前の挙がる自治体があることだろう。まず，それらの自治体を対象にアンケートやインタビューを行うことが頭に浮かぶ。

実際に，先行事例として複数の自治体が判明すれば，それらを対象にアンケートやインタビューを行うことで，論文や報告書を仕上げることは可能である。しかし，政府やシンクタンクが実施した調査には，調査対象の選定基準すら示されずに，わずか数件の自治体しか扱っていないということが往々にしてある。筆者らの後輩の修士論文には，対象事例が５自治体といったこともあった。アンケート調査であれば対象が５自治体というのは難があるが，インタビュー調査の場合，対象の選定などがしっかりと行われていれば，十分なものに仕上がることもある。特に，「現場の声」には，公表された文書などからだけでは窺い知れない内容が含まれており，その結果を記述しただけでも十分なインパクトがある。特に先進事例ともなれば，インタビュー調査を実施した「だけ」でも成果として認められてしまう側面がある。

アンケート調査とインタビュー調査のいずれを行うにしても，「何を調べるのか」が重要な検討事項となる。より具体的には，「何を尋ねるのか」ということが重要となる。これは，どのようなリサーチクエスチョン（RQ）を立てるのかということに帰着される事柄である。

調査したい事項を明確にし，その事項について明らかにするために適切な質問を設計しないと，ただ調査対象に質問を行ったというだけになってしまう。ここを間違うと，あえて調査を行わずとも明らかな事柄をただ確認しただけということにもなりかねない。また，調査の結果を見てRQを立てるという方法もあるようだが，その場合，調査結果が芳しいものでないと，RQを立てることができないという事態に陥る。これもただ調査を行っただけとなり，調査結果の単純な集計をして終わりとなりかねない。

RQを的確に立てた上で，それに関わる質問を設計することが肝要である。ここで注意したいのが，RQそのものを質問文にすることは必ずしも適切なことではないということである。もちろん，RQそのものを調査対象に投げかけた方が適切な回答を得られることもある。特に，RQが簡潔なものの場合，そのまま質問文とすることで十分な回答が得られる。ただ，そのような場合，そのRQ自体が適切ではないということも考えられる。

たとえば，「Aという政策がどの程度の自治体で実施されているか」というRQであれば，「Aという政策を実施しているか」という質問文とすれば，十分な回答が得られる。しかし，これで明らかになるのは，Aという政策を実施している自治体の数や割合である。これはこれで十分に意味のあることかもしれないが，あえて調査を行うべき事項かというと疑問が残る。

もう一歩踏みこんで，Aという政策の実施と未実施が分かれる，あるいは実施状況が分かれるといったことが考えられるとする。そこで，「Aという政策が実施されているか」だけではなく，その実施と未実施を分ける要因と考えられる事柄についても質問を行う。あるいは，実施状況について具体的な質問を設定し，実施状況の実態を明らかにするといったことが考えられる。

単にＡという政策の存否について見るのではなく，その背後にある要因にも目を配る。こうなると，当然にRQは「Ａという政策が実施されているか」というものから「Ａという政策がなぜ実施されるのか」や「Ａという政策がどのように実施されているのか」といったものへと変わっていく。そして，RQに応じて，質問事項も具体化していく。

質問が具体化すれば，関連して尋ねるべき事項も浮かび上がって来る。たとえば，Ａという政策の実施を分ける要因として，組織の規模が影響を及ぼしている可能性が浮上したとする。その場合には，「Ａという政策に関わる人員の数」や「Ａという政策に関わる年間予算」といったことが質問事項となる。

さらに，人員や予算が影響を及ぼしているとすると，それらについての意思決定も問題となる。そこで，「Ａという政策に対する首長の理解」や「Ａという政策に関する議会の関与」といったことも必要な質問事項として浮かび上がる。

Ａという政策は名称が同じでも，自治体間でその実相が異なることもある。「Ａという政策を実施しているか」だけを尋ねれば，「はい／いいえ」で回答されるだけだが，これではその実相が異なる可能性までは明らかにできない。実相が異なるのか否かを確認するために，実施されている政策の具体的な内容に関する質問を行うことが考えられる。

加えて，Ａという政策は必ずしも自治体の中で単独に実施されているわけではない。たとえば，既往の政策の存在も無視できない。Ａという政策について関心を抱き，調査を行うとしても，Ａという政策そのものだけではなく，関連する政策についても合わせて調査を行う必要があるのだ。そうなれば，必然的に行うべき質問も増えることになる。

こうして，RQの的確な設定とそれに合わせた質問の設計を行おうとすると，今度は質問事項が多くなり過ぎるという事態に直面することになる。あれもこれも尋ねるというふうに，どんどん質問数が多くなってしまうのだ。どの程度の質問数が適切なのか，状況にもよると思われるが，たとえばアンケート調査であれば一度に10問も尋ねると回答する側としては多く感じるのではないだろうか。インタビュー調査であれば，実施できる時間にも一定の上限があることから，10問もあると少し多いという印象を受ける。RQに応じて適切な内容と数の質問をいかに作り込むのか。これが調査の成否を分けることをここでは強調しておきたい。

さて，調査対象の自治体の選定と質問事項が設定できたとして，今度はその自治体に何らかの方法でアクセスする必要がある（→詳しくは第 4 章）。アンケート調査であれば，最初のアクセスの段階で質問も含めて相手先に投げかけることになるが，インタビュー調査であれば，まずは協力を依頼することから始まる。もちろん，依頼時に質問事項を伝えることも重要で，その方法については後述することになるが，筆者らが初期に行ったインタビュー調査時には，まずは調査依頼から始めた。これが結果として，インタビュー調査の実現を妨げる要因になったことも後述するが，アンケートでもインタビューでも，最初に相手先にアクセスする際に，どのように依頼するのかは細心の注意を払う必要がある。ここで間違えると，どこも依頼に応じてくれないということが起こる。

実際に，筆者らの後輩の中には，どこも協力に応じてくれる自治体がなく，立ち往生したということがあった。その時には，筆者らに伝手があったため，まずはその担当者の方に説明と依頼を行った上で，その後輩に取り次いだ。そのような弥縫策を講じることができるのであれば大きな問題にはならないかもしれないが，常にそれが可能と考えるのは現実的ではない。まず相手先が調査に応じてくれないと調査は始まらないということを強く意識して，調査に応じてもらいやすい依頼を行うように心がける必要がある。

アンケート調査であれば，対象とした自治体に一斉に依頼を送る（→詳しくは第 5 章）。全自治体を対象とするのであれば1700を超える依頼を送ることになる。全市を対象とするとしても，その数は700を超える。その数の多さもあって，依頼を送った瞬間は一定の達成感がある。

しかし，その後に厳しい現実を突きつけられることになる。この種の依頼は様々なところから自治体に対して送られており，その全てに応答されることがないことから，余程こちらが著名な存在でもない限り，回答が得られないことも少なくない。

それでもアンケート調査であれば，一定の数の回答は得られる。それなりの数の回答が集まれば，そのデータを用いて統計分析も可能であり，見栄えのする結果を示すこともできなくはない。

困るのはインタビュー調査の方である（→詳しくは第６章）。そもそも，インタビュー調査は，その性格上，時間がかかる。１箇所に１時間をかけるとして，移動も考えると，１日で実施できる数には限界があることは自明だろう。現実的に可能なのは，最大でも午前１箇所と午後１箇所の２箇所となる。これは後述するが，そのように一日複数箇所を訪れるような調査計画は立てるべきではない。そこで，一日１箇所とすると，行政を対象とする場合，ほぼ平日の実施となることから，１週間で５箇所，１箇月で20箇所くらいが上限となる。もちろん，これは上限であって，実際に実施するのはほぼ不可能だろう。調査者がインタビュー調査に専念できるわけではなく，また調査先の自治体についても日程調整が上手くできるとは限らないからだ。

筆者らの経験では，１週間に２から３箇所，１箇月で10箇所も訪問できれば，十分すぎる成果と言える。コロナ禍の現況にあって，今後はオンラインでのインタビュー実施が普及すれば，そのような数の制約はなくなるのかもしれないが，少なくとも当面はインタビュー調査と言えば，現地を訪問しての実施となることであろうから，この実施可能な数の上限は常に意識する必要がある。たとえば，全都道府県を対象にインタビュー調査を実施するといった調査計画を立てる場合には，相応の期間が必要となる。ここが一斉に依頼を送信することで調査を実施できるアンケート調査とインタビュー調査の大きな違いである。

アンケート調査であれば，依頼を送った後に，断続的に回答が寄せられて来るが，当然に依頼に応じてくれない自治体が存在する。そのような時に，まずは再依頼のリマインドを送る（→詳しくは第４章）。これも，その送り方次第ではかえって回答を遠ざけることにもなるので注意が必要だ。「なぜ回答してくれないのか」と詰問調の文面でリマインドを送ってしまい，回答がまったく寄せられなくなってしまったという事例を筆者らは知っている。本来業務では必ずしもない調査依頼への応答を求めているということを忘れずに，あくまでも「協力をしていただいている」という姿勢で丁寧な依頼を心掛けたい。

インタビュー調査の場合には，依頼に応じてもらうこと自体に相応の障害がある。実際に見知らぬ人が訪ねて来るということについて，自治体の職員であれば日々そのような経験はしているものだとは思うが，なかには，調査と言いながら，当該自治体の問題を追及するような姿勢の人もいるため，「調査に訪れる」ということで身構えられてしまうことがあるからだ。依頼の意図をできるだけ正確に伝えるようにしないと，実現するインタビューも実現しなくなるのだ。あるいは，簡単な質問や公開済の情報についての質問であれば，「わざわざ来ていただかなくても，既に情報も公開されています」という応答を受けることになる。

アンケート調査とインタビュー調査の両方に共通することでもあるが，調査を実施せずとも既知の情報も少なくなく，そのような情報を十分に確認しないで調査依頼を行うと，相手先に応答の手間をかけさせるだけという結果に終わってしまう。また，事前の調査を十分に行った上でアンケート調査やインタビュー調査に臨まないと，その回答も表面的な事柄に留まり，新たな知見が何ら得られないということにもつながってしまう。これも筆者らの周囲で起きた出来事だが，インタビュー調査を実施したところ，調査者が行政について十分に事前調査を行っておらず，インタビュー時に行政の仕組および当該政策の概要についてレクチャーを受けて終わってしまったということがあった。

調査は自身の勉強のために行うのではないが，案外そういう人が少なくないようで，筆者らがインタビュー調査を実施した際に，相手先の行政職員の方から，「今までにいらして下さった方は皆さんあまり詳しくなく，基本的な情報の確認で終わってしまっていたので，今回初めて詳しく核心部分についても話すことができた」と話されたことが何度もあった。調査を行う以上は，外部から事前に確認できる事柄については最大限に通じておく必要がある。

アンケート調査では，質問票を送った後は回答を待つのみだが，実際にはすぐに回答があるわけではない（→詳しくは第 4 章）。質問票を送付した後に，何らかの問い合わせがあるのが常だ。特に多いのが質問に関する問い合わせである。「この質問文は，このような意図で行われているということで間違いないか」といった確認のために問い合わせがあるのだ。

また，質問票は送ったものの，ほとんど回答が得られないということも想定される。後述するが，行政を対象にしたアンケート調査の回収率は必ずしも高くない。回答が得られない場合には，リマインドを行うなどの対応を取ることにはなるが，それでも十分な応答が得られるわけではない。

アンケート調査では，質問票を送ればそれで終わりではなく，できるだけ回答率を上げるための取り組みが求められる。

同様に，インタビュー調査も調査先に訪問して質問を行えば終わりということではない（→詳しくは第5章）。インタビュー調査に応じてもらえたとして，当日，饒舌に何でも話してくれるわけではないからだ。訪問してみたものの，簡単な応答に終始し，アンケート調査でも行うような「はい／いいえ」の回答や具体的な数値など公開情報のみの回答しか得られないこともある。準備した質問を行いながら，インタビュー調査でしか得られないような情報をいかに引き出すのかが問われるのである。

逆に，話好きの担当職員が対応してくれる場合もある。そのような場合，こちらが準備した質問を超えて関連する話題についても話が弾んでいく。調査者としては悩ましい事態とも言えるが，話が弾んだ結果，当初質問したかった事項について十分な回答が得られないということも起こりうる。

調査者の技量によるところも大きいかもしれないが，ほぼ初対面の相手に対して適切な間合いを取り，必要な質問を的確に行い，会話を通じて知りたい情報を得る必要があるところにインタビュー調査の難しさがある。

調査実施後は，その結果を集計する作業が待っている（→詳しくは第7章）。アンケート調査とインタビュー調査いずれについても，実施すること自体で一定の達成感があるため，ともすると，この結果集計が等閑になりがちだ。アンケート調査であれば回答を単純に集計しただけ，インタビュー調査であれば会話の文字起こしを行っただけということも少なくない。それでも一定のかたちになってしまうので，単純な集計や文字起こしで事足れりとなってしまう。政府が外部に委託して行った自治体を対象にした調査でも，その種の単純な集計と文字起こしだけという例が少なくない。これはRQの適切な設定とも関係するが，調査者として何を明らかにするのかをあらかじめ明確にしておかないと，調査を実施し，それを単純に集計しただけに終わってしまうということだ。

何らかの目的がなければ，行政を対象にしたアンケート調査やインタビュー調査は実施されない。学位論文や研究論文を執筆する，自治体を対象にした調査事業を受託したなど，その目的はいくつかあるだろう。その目的を改めて確認した上で結果の集約，調査実施後の報告書の作成をしたい（→詳しくは第8章）。

ここまで，行政を対象とした調査について一連の流れを書いてきた。本書では，ここで論じた各段階について，その実践の方法について詳しく紹介していく。本書がガイドとなり，行政あるいは地域を対象とした有効なアンケート調査やインタビュー調査を実践する人が一人でも増えてくれることを筆者らは望んでいる。

1.2　調査対象としての行政

行政は調査研究を実施する際に大きな対象の一つであり，協力主体でもある。どのような業界や分野においてもそうであるように，行政においても行政独自のルールや習慣というものが存在している。研究者や，民間の人が行政と何かをする際に，このことが少なからず障害になっている。

「行政」を調査対象にするとして，研究の端緒を切り開くためには，その組織を構成するところの行政職員にアプローチすることが求められる。行政が公表している各種文書や資料も，それを作成した職員が必ず存在する。もちろん，それら文書や資料を基に研究や調査を行うということも当然に考えられ，作成した職員の存在を意識することもないだろうが，行政組織でも政策でも，その起点に「人」がいることを忘れてはならない。特に，組織や政策の「実際」を調査するのであれば，「人」へのアプローチは必須である。どのようにして政策は作られ，実践されているのか。それを最もよく知るのは担当職員であることは論をまたない。「調査対象としての行政」を考える上では，「調査対象としての行政職員」という観点を見落とすことができないと言えるだろう。

表1-1は，一般的な社会調査と行政を対象とした調査の概要を表にまとめたものである。以下では，各項目についての補足説明を行う。

①調査対象の選定

社会調査では，ランダムサンプリングを行いそこで選定された対象者に調査を実施するというのが一般的な手段である。一方で，行政調査の場合は，全数を対象に調査をする場合や，調査対象の範囲を自らで定義する場合が一般的である。前者の場合は，全国の都道府県（47都道府県）や全国の市町村（1718市

表１-１　社会調査と行政を対象とした調査の比較

	社会調査	行政調査
対　象	サンプリングによって抽出された個人	原則として全数調査，または，特定の定義を設けた対象選定
信頼性と妥当性	サンプルの抽出方法	調査への協力率の高さ
調査票の回収	一律定型的な依頼	行政担当者とのコミュニケーションが重要
回答者	匿名の個人	特定の自治体
質問内容	個人的な内容	行政という組織を対象にした公式な事柄に関する内容
回　答	回答した個人が直接的に責任を負うことはほぼない	自治体としての公式な回答になる必然と回答には慎重になる
回答者の動機	謝礼	調査結果そのもの

町村）などすべての自治体を対象に実施する場合が多い。後者の場合は，政令指定都市を対象，○○○○の実証実験に参加した自治体，○○○○の制度を実施している自治体が対象など，調査テーマに応じて適した対象を自らで定義していくことが考えられる。

②調査の信頼性と妥当性

一般的な社会調査の場合には，調査対象，回収率，誤差，費用などを勘案しながら調査設計を行っていく。回収率に関しては40% もあれば，十分な回収率ということになるだろう。もちろん一般的な社会調査においても，回答者の偏りが生まれる可能性を低くするためにアンケートの回収率を上げることは重要であり，質問紙の工夫に加えて，謝礼を工夫するなど様々な取り組みが行われている。

一方で，行政を対象とした調査の場合に考えるべきは，一つの回答の重さである。一般的な社会調査では，回答者はランダムサンプリングによって偶然に選び出された匿名の一人でしかない。一方で，自治体は，都道府県であればわずか47，市の場合でもおよそ800である。一つ一つの回答の意味合いがだいぶ異なってくる。たとえば，都道府県を対象に調査を実施した場合に回収率が40% であれば，調査の信頼性は低いと言わざるをえないだろう。

行政を対象とした調査を実施する場合には，そもそもランダムサンプリングという作業を行うことはほぼない。公的性格の強い特定されている対象に調査の実施を行っていることを考えても回答率の重要さを理解することはできるだろう。このような背景からも回答率を上げることに注力することが重要なのである。

③調査票の回収と回答者

社会調査では，調査対象に対する調査票の発送と回収は機械的に行われる。これは，回答者が基本的に匿名の個人であり，個別の対応は基本的に必要とされないことによる。丁寧な応答を行った調査対象と何も応答を行わなかった調査対象で，その回答状況に差が生じるようでは，調査結果に悪い影響を及ぼす可能性があることから，基本的には機械的な処理が求められる。

対して，行政を対象にした調査では，調査対象は特定の自治体などの公共機関である。回答者はその職員であるが，その回答は組織としての回答になる。調査依頼も機関に対して行うものであり，応答にあたってくれる職員とのコミュニケーションも重要になる。コミュニケーションが不首尾に終わると，そもそも調査の協力を得られずに，十分なサンプルを得られないということにもなりかねない。

また，「①調査対象の選定」で述べたとおり，調査対象は最大でも全国の1700余りの自治体であり，少なければ数十件や数件の自治体を対象にした調査ということもある。社会調査と比較した時に，行政を対象にした調査では，調査対象が明確かつ少数であり，個々の取り扱いについて細心の注意を払う必要がある。

④質問内容と回答

社会調査では，様々なテーマが設定されうるが，回答者は個人的な立場から回答を行うことになる。裏を返すと，その回答についての判断は個々人に任されることから，その内容には揺れがあることも想定される。回答者によっては，十分に思いを巡らせずに質問に回答するということもありうることで，様々な回答もありうることを織り込んで調査を実施する必要がある。

対して，行政を対象にした調査では，その回答は組織として公式な内容となる。公式な内容であるがゆえに，必然的にその回答には慎重になる。ただ，慎重になされた公式な回答となるため，その結果は十分な正当性をもって扱うことができる。

⑤謝礼

これは当然のことかもしれないが，行政を対象にした調査で金銭的な謝礼を行う必要はない。もちろん，謝礼を求められることもない。強いて謝礼に代わるものとしてあげられるのは，「調査結果そのもの」ということになるだろう。十分な調査結果を公表し，それをもって社会的な貢献につなげることが行政調査にあっては重要な事柄となる。

対して，社会調査では謝礼は必須とは言えないまでも，それがないと十分な協力を得られない可能性があり，謝礼を支払うことを約束することは調査成功のために必要な事柄であると考えておくべきだろう。

大規模な社会調査となれば，謝礼を支払うために多額の資金が必要となり，調査実施の機会自体が限定されることにもなる。裏を返すと，謝礼が不要であるがゆえに行政を対象にした調査は実施が容易であり，それだけ安易に実施されてしまうきらいがある。金銭的な謝礼は不要とはいえ，代わりに十分な成果を出すことが調査者には求められていることは心にとめておきたい。

1.3　行政研究の実際

実際，筆者らの周りの研究者および行政の双方から，様々な苦労話が聞こえてくる。まず，研究者の側からの話としては，「話が通じない。いくら話しても理解してもらえない」と言った類の文句である（これらの人たちはその後決まって悪口を言う）。一方で，行政の側からのものとしては，「いきなり職場に押しかけられてきて一方的に思いの丈をぶつけられた」という類の話である。この程度で済めば良いのだが，粘着質に何度も押しかけられ，場合によっては高圧的な態度で協力を求められたという話まで聞こえてくる始末である。本書の狙いの一つは，この両者のミスマッチを解消することにある。このことのメリットとしては，まず研究者にとっては，何よりも調査協力を得られるということである。次に，行政職員の方々にとっては，自らの関連する仕事の最新情報を外部の目で捉え直すことができるということである。調査次第では，全国や，近隣都市，県内などの最新の情報を少しの労力だけでいとも簡単に手に入れることが可能となる。

他方で，行政を対象とした研究を取り巻く環境はある意味では特殊な環境であると言える。行政や公共機関を対象とした調査研究の多くは，以前に行政機関で働いていた人が実施してきているという背景がある。

そのため，これらの行政に対して知識やコネクションが豊富にある人たちが当たり前として実施していることが，大学院から研究を始めた学生やシンクタンク等で調査研究を実施しようとする人たちにはなかなかわかりづらいということもある。また，学部の授業のみならず，大学院の演習においても，社会調査一般に関する方法論が論じられている講義は豊富に準備されている反面，ある意味特殊な業界を対象に調査を実施する際に，各々の業界のルールや暗黙知のようなものを学ぶ機会はほとんど存在しない。この状況は何も行政研究に限った話ではなく，たとえばマスコミ研究にも当てはまるであろう。実際，メディア研究を行っている研究者には，テレビ局や，新聞社の出身者が非常に多い。

これらの調査の場合は，過去の職場等を対象に調査を実施することが多く，調査対象者へのアプローチも，一般の研究者が行うよりは格段にやりやすい状況にあるのは間違いない。

このことは，その研究者のオリジナリテイであり，アドバンテージの一つであるとも言える。一方で，科学的な観点から見た場合には，その人にしかできない調査ということもあり，再現性が担保されていないという見方もできる。

本書では，このように，「元職員」などでなくても，最低限のルールやマナーを理解しておくだけで，十分に行政の現場を経験してきた研究者たちと同様の調査を実施する方法を誰でもできるようにまとめたものである。

1.4 「行政による調査」と「行政を対象とした調査」について

ここで「行政による調査」と「行政を対象とした調査」との違いについて説明しておきたい。

まず「行政による調査」とは，一般的に行政機関等が実施する調査である。それに対して本書で取り扱うのは，「行政機関を対象とする調査研究」である。前者は行政が主体となって実施する調査であるのに対して，後者は，行政機関そのものを対象として調査を実施することである。

一方で，「行政を対象とした調査」は毎年様々な視点から数多く実施されている。学術的な論文として公表されたものはもちろんとして，雑誌等の企画で実施されたものなど，探し始めると枚挙に暇がない。

「行政を対象とした調査」に関しても，省庁，民間企業，研究所，財団，研究者など実に多様な主体が様々なテーマについてのアンケート調査を実施している。他にも，メディアからの取材や，地元の大学や中高などの地域課題学習等への授業協力，個別のインタビュー調査などまで含めたらそれこそ無数にあるだろう。

表１－２は，日本都市センターが実施した全国の自治体を対象に実施したアンケート調査の回答率をまとめたものである。ここでの結果を見ると，33%から59%と，調査テーマや回答する自治体の規模によって回答率に大きな差があることが確認できる。さらに言うのであれば，公益財団法人である日本都市センターが実施する調査であっても，安定して回答をしてもらうことが難しいのである。

自身の関連する研究分野における研究論文を読んでみても回答率はそこまで高くないはずである。また，我々が普通にアクセスや購入できる資料に関しては，ある程度成功した調査であるからこそ世間に公表されているのである。この背後には日の目をみることなく埋もれてしまっている調査や，実施はしたものの論文として公開されていないものが存在していることは容易に想像できる。このことは，行政にとっては，研究者のみならず様々な方面から多数の調査依頼があり，その協力によって日常の事務事業が阻害されるという調査被害に遭

表1-2　自治体を対象としたアンケート調査の回答率

調査名	回収数	回答率
市役所事務機構に関するアンケート調査	341	41.8
地域社会を運営するための人材確保と人づくりのあり方に関する研究会	464	57
都市自治体のモビリティに関する研究会	378	46.4
都市自治体の公民連携（文化・芸術振興）に関するアンケート	273	33.05
都市自治体の広報分野における課題と専門性	478	59

出典：日本都市センターHPをもとに筆者が作成（HP上で回答率が確認できたもののみを掲載）

うような状況になっているとも言えよう。特に外部から関心を集めるような政策テーマについては，様々な主体が調査依頼を行うことが想定される。それら主体同士は情報交換をしているわけではないため，それぞれが必要だと考えて調査依頼を行うものだが，受ける側の行政は同時に複数から同じ質問を受けることになる。これでは，業務に支障をきたさないとも限らない。行政を対象に調査を実施する際には慎重に行わなければならないということは，これらのことからも少しは想像することができるはずだ。

しかも，この状況は何も学生や初めて調査をやる人だけに限ったものではないように思われる。特に学問として直接的に行政と接点のない領域の研究者からは日常的に「行政が協力的ではなく，全く協力を得られない」という相談を受けることも多い。なぜ，行政からの協力を得ることが難しいのかについても順を追って明らかにしていきたい。

本書では，行政を対象とした研究や，行政に協力を得ながら研究を進める上で必要と考えられる基本的な考え方や方法論について，これまでの筆者らの実際のプロジェクト例を示しながら解説していく。

1.5　行政活動としての調査

本書で取り扱うのは，「行政を対象とした調査」の調査方法や基本的な考え方についてである。

我々が，行政を対象に調査を実施する際には，関連する行政機関等が実施した調査を参考にすることで，当該テーマに関して多くの知見を得ることができる。ここでは，行政が主体となって実施している調査のうち，国や地方公共団体など様々なレベルで実施されている調査について簡単に紹介する。

①国が行う調査

国が行う調査としてもっとも代表的なものは，5年に一回実施される国勢調査になるだろう。他にも，「総務省統計局」(https://www.stat.go.jp/inex.html) のページにいけば基本的な調査の概要を把握することができる。

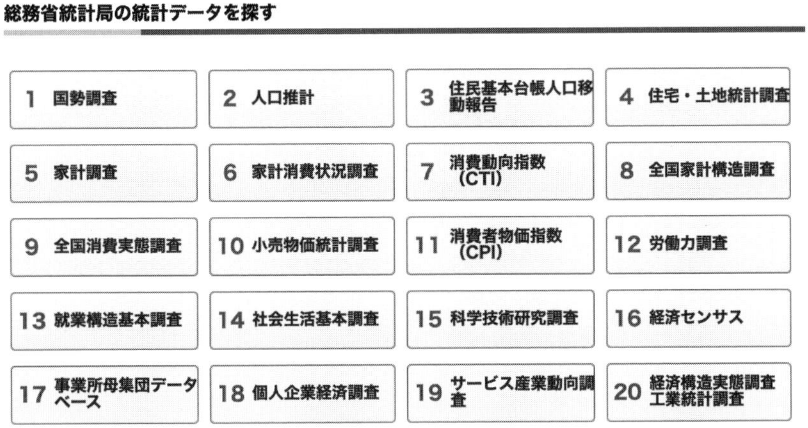

図1－1　国が行っている調査　総務省統計局ウェブサイト (https://www.stat.go.jp/index.html)

②自治体等が行う調査

新宿区（独自調査およびローデータの公開）

そもそも行政のウェブサイトをのぞく機会というのはあまり多くないのではないだろうか。何かしらの手続きが必要な時に関連するページを見るというのがせいぜいのところで，ましてや自分が居住していない自治体のウェブサイトにアクセスするという機会はなかなか稀なことであると思う。しかし，自治体ウェブサイトは研究や調査を始める上で有益な情報の宝庫である。

たとえば，新宿区を例に取り上げると，図1－2の様に区が独自に実施した調査結果が公開されている。一部の調査結果に関しては，調査のローデータまで公開されているので独自で分析を行うことも可能である。

オープンデータの取り組みの本格化により，各自治体が独自のオープンデータサイトにおいて各種統計情報の公開を行っている。基本統計だけではなく，地域性の高い独自のデータや広報誌のバックナンバーなど様々な情報を入手することができる。

自治体シンクタンク

自治体シンクタンクとは，牧瀬によると「地方自治体の政策創出において徹底的な調査・研究を行い，当該問題を解決するための提言を行うために組織された機関（団体）」と定義されている（牧瀬，2017，p. 92）[1]。また，これらのシンクタンクは，大学などの研究機関や，その他の自治体シンクタンクとも協力をしながら各々の自治体が抱える課題についての独自調査・研究を行っている。

自治体シンクタンクを有している自治体に関しては，シンクタンクによる独自調査が実施されていることも多く，それらのテーマを眺めることも役に立つ。各シンクタンクにおいて，各々の地域の抱える独自の問題を対象に研究を実施しているからだ。

牧瀬（2017）では，2017年時点で全国43都市でシンクタンクの存在を把握し

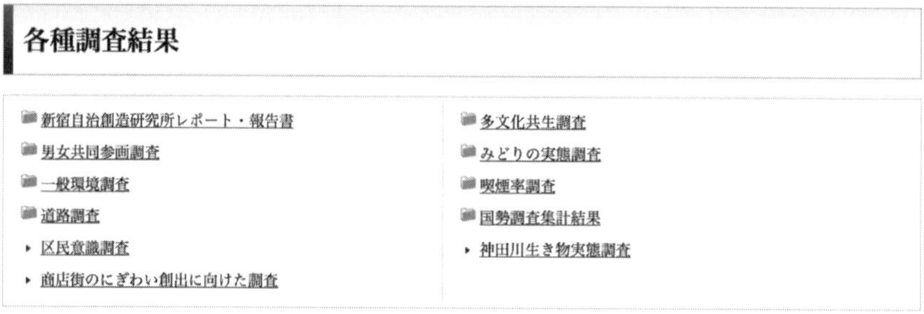

図1－2　**新宿区が行っている調査**　新宿区ウェブサイト（http://www.city.shinjuku.lg.jp/kusei/kusei00_100016.html）

1）　牧瀬稔（2017）．自治体シンクタンク（都市シンクタンク）の過去，現在，未来，都市とガバナンス，27，92-104.

ている。牧瀬（2017）の区分では，財団法人や第３セクターから，近年では自治体の一組織として設置される傾向が強まっているとしている。これらのシンクタンクは，都市部に数は多いものの，北は青森県から，南は長崎県まで全国各地に存在している。一方で，一定の設置期間が経過した自治体シンクタンクに関しては，閉鎖に至っている自治体も数多く存在する。

これら自治体シンクタンクを有している自治体には，ウェブ上で各都市の情報の掲載や，独自調査の結果のレポートなどを掲載しているところもある。これらの情報は行政だからこそ保有できているものであり，自身の興味関心やテーマと合致すれば非常に有益な情報となる。たとえば，新宿区における新宿自治創造研究所においては，年度ごとに新宿区に関連する研究テーマを定めて，それらに関連する研究を実施し，毎年レポートの発行を行っている。これらのレポートはウェブ上でも公開されており，誰でも閲覧可能な状態になっている。

そのほかにも，地方銀行や，NPO，大学等が主体となって地域研究を行っているシンクタンクが存在する。その一部においても，調査報告書が公開されているので積極的に活用していきたい。

1.6　本書の狙い

実際に行政を対象とした調査は多数行われている。アカデミアにおいても実証研究が推奨されており，行政を対象に各種データを収集することが求められている。しかし，行政を対象としたアンケートやインタビュー調査の方法について，実践的に解説した本は少ない。報告書や研究論文にも，アンケートやインタビュー調査について，その方法の実践的な部分は記述されないのが通例である。あくまでも，収集されたデータをもとに，その結果について議論されるに留まる。

そこで，本書では，行政を対象にしたアンケートやインタビュー調査の方法について，特に実践的な手法について解説する。注意点として，調査手法の先行研究のレビューを行うわけではない。それら調査手法自体の先行研究については，別途，各自で関連する書籍等にあたっていただきたい。

研究のフェーズを大まかに考えると，図１-３の３つのフェーズに分類することができる。本書では，これらすべてのフェーズについて言及しているが，特に，「②調査実施」のフェーズに焦点を当てて扱う。そのため，「①研究調査構想→②調査実施」や，「②調査実施→③結果公表」に関しては必要最低限の記述に留めている。

つまり，どのようにしてアンケートやインタビュー調査を「実施するのか」に焦点を当てる。実施については，ある種，自明のこととして位置付けられてきたところがあり，その部分に光を当てるのが本書の特徴であり，狙いである。

また，公共機関を対象に調査を実施するということを念頭におき，調査結果の具体的な還元方法についても言及している。冒頭でも示した通り，少なからず様々な形態の「調査被害」が存在している。この原因として，行政機関とのコミュニケーション不足やそもそもコミュニケーションが取れていないこと，さらには，全く下調べや調査準備をしていないことに起因していることが大半であるように感じる。このような状況を少しでも改善したいということが本書のもう一つのテーマである。行政に対する調査による「被害」ではなく，行政に対する調査による「積極的な貢献」を目指している。その最もわかりやすい方法であるのが，調査結果の還元である。調査研究の場合には当然求められることであるし，中学，高校などの地域学習の一環として行われる調査でも少なからずこの点を念頭において実施するべきである。調査者の方が，行政の枠組みにとらわれない斬新な発想やアイデアを出せる可能性は高く，それらのアイデアは十分に行政職員を刺激するものになりうるだろう。このように，調査自体に社会的意義を持たせることを通して実践的な調査を確立していくことが本書の裏のテーマである。

なお，研究者が執筆する書としては，このようなことを書くことは問題含みであることは確かだが，調査の実施自体が調査対象に対して何らかの介入効果

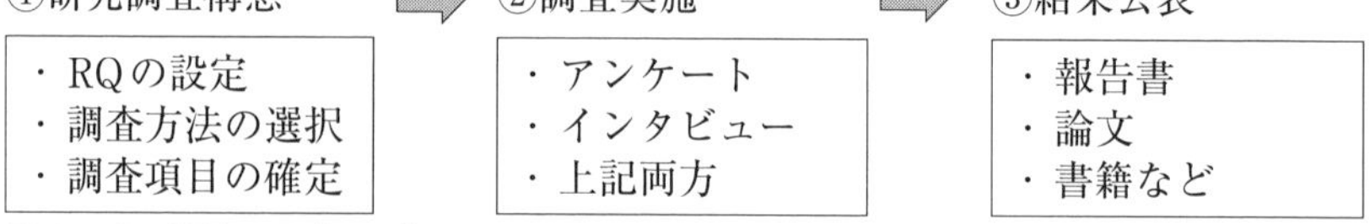

図1－3 調査・研究のプロセス

を及ぼすことは避けられないことは指摘しておく必要がある。

インタビュー依頼を行うことは，そのインタビュー先が実施している政策を研究者として「評価」していると相手先に誤解される可能性がある。インタビュー調査に限らずアンケート調査も，それが悉皆調査でなければ，調査対象となったという事実をもって，「評価されている」と思わせてしまう可能性もある。組織内部の説得の素材として，「研究者から調査依頼があった」という事実を利用される可能性すらある。

あるいは，研究者が調査に赴くことで事態が動き出してしまうこともありうる。とある事例で，調査に訪れた研究者の助言で新たな施策に着手することになったということがあった。そのようなことは調査実施にあたっては避けるべき事態かもしれないが，研究者の行う調査も社会から無縁ではない。行政を対象とする調査は調査実施自体に社会的意義がある可能性すらあることは忘れてはならない視点だろう。調査自体が事態への何らかの介入になりうることは常に意識したい。

その意味では，行政に対する調査を，単に調査実施で終わらせるのではなく，対象となった行政に対して何らかの貢献につなげることも意識したいところである。

1.7　まとめ

第１章では，行政を対象とした調査を実施するにあたって，必要と考えられる基本的な知識や情報についてまとめてきた。

1.1では行政を対象とした調査を実施するに当たって，必要な情報の概要について俯瞰的に紹介した。1.2では，行政を調査対象とする際の調査のあり方について，一般的な社会調査との比較をしながらまとめている。ここでは，行政を対象とした調査を実施する際には特に回収率を高い水準に保つことの重要性を説明してきた。1.3，1.4においては，行政を対象とした調査の実態について紹介した。1.5では，研究者が行政を対象に調査を実施する際に参考にする情報として，行政が実施している調査についての情報を紹介した。1.6では，第１章で述べてきたことをまとめる形で本書全体を通しての狙いについて述べている。

実証研究が求められている中において，特に公共機関を対象に研究を行うことについては特別な配慮が必要な事項が数多く存在するが，それらに対しての具体的な手順については体系的に論じられていない。このような中で調査の実施のプロセスに特に焦点を当てているのが本書の位置づけである。以下，表1-4では，本章の各節において論じてきたことについて簡潔にまとめている。以下の表をもう一度確認した上で第2章以降へと進んでもらいたい。

表1-4　第1章のまとめ

節番号	節タイトル	内　容
1	行政を対象にした調査の事始め	行政を調査対象とすることについての基本的な考え方についてのまとめ
2	調査対象としての行政	一般的な社会調査と比較した際の行政を対象とした調査について
3	行政研究の実際	行政と研究者の間におけるコミュニケーションの齟齬の実態
4	「行政による調査」と「行政を対象とした調査」について	行政を対象とした調査とは何か
5	行政活動としての調査	行政が主体となって実施している調査について主体毎に調査情報を紹介
6	本書の狙い	①「調査の実施」のフェーズに焦点を当てて方法を説明しているのが本書である。 ②行政に対する調査による「被害」ではなく，行政に対する調査による「積極的な貢献」へ。

コラム１　自治体における調査

横浜市政策局共創推進室
関口昌幸

横浜市では，数多くの調査が行われ，施策や事業を進める上で重要な役割を担っている。中長期計画の基礎的データとして，施策・事業の基礎的資料として，市政・市民生活の現状や課題の把握として調査を実施している。

1　調査の目的・種類

これら調査の目的・ねらいは，各々の性格や内容が違っており，当然ながらさまざまであるが，大別すれば，現状・問題点を把握する調査，施策化に向けた基本構想や指針つくり調査，政策提言を目指す調査等が挙げられる。その方法は，主に資料・文献・データ調査，聞き取り（ヒアリング）調査，調査票（アンケート）調査と分けたり，統計調査，事例調査と分ける場合もある。また自治体でよく行われている具体的な調査のあり方を分類すると，主に実態調査，意識調査，施設・街づくり調査等に分けることができる。

実態調査

社会生活構造の変化に伴い，市民生活の実態も変わってくる。市民生活の課題を解決するためにも，実態が分からなくては施策・事業を展開できない。そこで先ず実態を把握しようという調査が必要になる。

課題により全市が対象になる場合もあれば，特定の地域の個人・団体が対象になる場合もある。実態を把握するには，対象者や対象地区の全数を調査する，いくつかのサンプル・事例を取り上げて調査する等があり，方法としては既に把握しているデータの整理，調査票を基にした聞き取り調査・郵送調査等がある。

また実態調査といっても，数量を計数的に把握する場合，課題・問題点まで把握する場合，解決方法まで把握しようとする場合があり，それぞれのケースに応じて，調査結果の分析の視座や手法は異なる。ちなみに調査が実施される趣旨としては，施策・事業の前段階の基礎的資料として調査するケース，施策が急がれていて調査するケース，施策が既に実施されているが，その成果や課題を調査するケース等が多い。

意識調査

意識・意向調査は単独で実施することもあれば，実態調査と組み合わせて実施することもある。意識調査は，生活実態をどう考えているか，現状をどのように評価しているかといったものから，今後どうしたいか，どうなってほしいかという要望を聴く調査もある。これも実態調査と同じく施策・事業の前段階の基礎的資料として調査するケースと，施策・事業への参加意向，施策・事業の認知・周知度や課題を調査するケースもある。

施設・街づくり調査

施設・街づくりに向けた調査には，基礎的資料の収集・整理，他都市調査，実態調査，意識調査，さらには学者・研究者を交えた研究会や調査会・検討会等を駆使したものがある。基本構想，基本計画作成や，考え方の整理にも行われる。

2　委託業者・コンサルタント・調査会社とのかかわり

調査実施に当たっては，委託で行う場合が多い。委託業者は，横浜市に業者登録されている業者から選ばれる。区局には，業者選定委員会があり，複数の業者の中から選定されるのが原則である。

では，委託業者選定の基準をどこに置くのだろうか。それは業者の今までの実績，規模・体制，企画力，調査のノウハウ，予算等さまざまな角度から検討される。

委託業者が決まると，打ち合わせが行われるが，この段階で問題が起こる場合がある。発注者の企画・意図したことがなかなか伝わらなかったり，業者側の企画と発注者の企画が折り合えないケースがある。これは，発注者側の調査の位置付けが明確でない場合や，発注者の理解不足，業者側の調査スタイルへのこだわり，行政のスタンスと業者のスタンスの違い等もあげられよう。

3　近年の調査の傾向

以上述べてきたことは，横浜市に限らず20世紀後半から現在まで，脈々と続く自治体における基本的調査のあり方であろう。ただ近年，急速なデジタルテクノロジーの発展やＥＢＰＭの考え方の浸透，さらに予算や人員の縮減傾向もあり，自治体における調査のあり方が大きく変わりつつある。その変化の方向性は以下のようにまとめることができる。

データサイエンティスト的資質を持つ職員による事前調査

調査を業者に委託するのではなく，データサイエンティスト的資質を持つ自治体職員が社会統計データ等を読み解くことで，新たな社会課題を発見し，課題解決のための政策的な仮説を立て，その仮説を事業実施によって検証するというケースも先進的な自治体においては生まれ始めている。たとえば，本市における育児と介護のダブルケアに対する調査アプローチなどもこの先駆的な事例であるといえる。

リビングラボ的手法の導入

行政のみが調査の主体になるのではなく，また民間事業者に委託するのではなく，地域課題解決に向けて，企業やＮＰＯ，地域住民など多様な民間主体と行政が対等な立場で連携し，協働で調査や実証実験を実施するリビングラボ的手法を導入する自治体も増えている。本市もリビングラボを積極的に導入している自治体の一つだが，この場合，行政が調査も成果を仮に施策や事業に反映することができなくても，調査の成果を民間が独自に構築する課題解決モデルに活かすことを期待できるというメリットがある。

第2章　調査設計時の考え方

本章では，行政を対象に調査を企画設計する際の考え方について説明する。

行政を対象に調査を設計する際に気をつけておきたいこととしては，自分の興味関心だけでテーマを決定してしまい，実現困難な調査としてしまわないようにするということである。ここでは，実現可能かどうかという視点から「実現性の低い調査」と「実現性の高い調査」に分けて，各々どのような調査であれば実現可能かについて考えていく。

2.1　調査を設計する前に考えること

調査を設計するにあたって事前に考えるべきことをまとめる。自然科学分野では，研究・実験デザインに関連する書籍がたくさん出版されている。もちろん，社会調査に関しても関連する参考書は豊富である。一方，本書で対象として想定している行政を対象にする場合には，行政特有の事情を考慮した上で調査の設計を考えていかなければならず，これらの参考書だけでは十分ではない。

以下では，行政を対象とした調査を設計する際の基本的な考え方について，いくつかのフェーズに分けて考えるべきことをまとめていく。

①問題意識の明確化――状況を把握する

まず，本調査だけで全てを明らかにしようと考えてはいけない。何よりも先に重視すべきは事前準備である。そのためには，ウェブサイトの確認，関連する資料・書籍や先行研究の洗い出しの作業が重要である。さらに，関係者を対象に事前にヒアリングをするなどの方法も有効である。この場合のヒアリングは何も正式な調査である必要はない。もし，自治体の内部に知り合いがいるようであれば，メールでも電話でも負担にならない範囲で連絡をしてみることは非常に役に立つ。

このことをやっておくことで，①特に学術的な視点からだけで考えていた場合には，現実的な調査にブラッシュアップされる，②実学的な視点や現場の状況を反映させた形へと調査を深化させることが可能になる。このように，実態を踏まえた上で自身の問題意識を明確にしておくことは非常に重要である。本調査の実施後に「これらの知見を知ったと言うのが結論」では少し残念な感じがする。

②自身の研究を相対化する

学術的に意味があるからとか，先行研究では誰もやっていないからという理由だけで質問項目を決定しまう独りよがりな研究は，特に行政を対象とした調査の場合はやめた方が良いだろう。

先行研究では誰もやっていない

「先行研究では誰もやっていないから」という理由で自身の研究を正当化しようとする人を見聞きする。しかしこれだけでは，「研究する必要性がないから誰も研究してこなかったのではないか」という批判には答えることができないだろう。研究を実施する際のオリジナリテイは重要だが，「誰もやっていない」のは誰も行うことができないためであるということや，そもそも調査を実施する意義が薄い，すでに明らかにされているといったことが往々にしてある。たとえば，検証不能だからこそ誰も着手していない可能性があることを考慮したい。

学術的に意味がある

仮にいくら学術的には重要なことであっても，実態からかけ離れていて実務者レベルでは回答できないということは十分に考えられる。理論的な理想論を提示して，「なぜ，このような取り組みがなされないのか？」などと問うケースがこれに当てはまるだろう。調査のテーマや質問が行政にとって回答可能なものかどうかをよく考えよう。

また，「何か調査を実施すれば分かるはず」と考えて，とにかく調査を実施しても，得られることは少ないであろうことには注意したい。とりあえず調査を実施して，その結果から学術的に意味がある事柄を見出そうとするのは見込み薄であるということである。これはリサーチクエスチョン（RQ）が立てられない場合に犯しがちな誤りだが，RQを立てるために，ひとまず調査を実施してみるということは避けなければならない。

調査対象の選定

調査対象の選定については，自身の調査目的を達するために，必要な調査対象になっているか，どのような基準で対象を選定したかを明確に示せるようにしておく必要がある。わかりやすい基準としては，何らかの量的指標を持って，「○○○○の登録者数が○○○○人以上の自治体を対象とする」ことや，ある特定の認定を受けた団体や，各省庁が実施した実証実験等の参加団体などという枠組みで対象を選定するというのも一つのやり方であると思う。

「ただなんとなく面白そうである」，「先進的な事例だから」といった理由は，一見良さそうに見えるが，具体的にどのような点において興味深く先進的だと判断したのかについてくらいは説明をしておこう。

行政を対象とする場合，都道府県や市区町村といった区分けが存在しており，都道府県であれば最大でも47箇所しか対象とならない。このことから，全ての都道府県を対象とすることで悉皆性を担保することができる。その他，関東地方の人口20万人以上の市や西日本の県庁所在地の市といった設定の仕方もありうる。調査対象の設定については，明確な根拠づけが必要とされるが，設定の仕方次第で調査の実現性が格段に向上する。

③欲張りすぎない

特に調査を初めて経験する場合によくあることであるが，「聞きたいことをなんでも詰め込んでしまう」ということがある。このことは調査協力者に対して負担をかけてしまうことにもなるので特に注意したい。

また，質問項目を確定していく過程で，自分の問題意識がより明確になることもよくある。常に自分の設定したRQと質問項目を往復しながら質問項目を考えよう。この作業をしっかりと行うことによって，自然と無駄な質問は削ぎ落とされていくことが多い。ひいては，自分のRQをより洗練させることにも繋がるので丁寧な設計が求められる。

④回答可能性

次に考えることは，調査のテーマがそもそも行政という視点から考えた際に回答が可能かどうかという点である。行政を対象とした調査の際に回答可能な例として最もわかりやすいものは何かと問われたら，「すでに公式に決まっていること」というのが一番端的な答えになるだろう。決定していないことや，現在まさに審議中の案件について仮に聞き出せたとしても，それは公開することができない情報である。これらの情報を得るのは調査で目指すべき回答ではない。

回答不可能な例

回答が困難な例の具体的なものとしては次のとおりである。

・具体的な対応を求めるようなもの
・そもそも取り組んでいない事柄に関するもの（ある政策について未実施自治体を対象にする）
・調査時点において確定していない事実に関するもの
・対応者の個人的な見解

後の2.3「実現性の低い調査」で詳述するが，回答者が回答できない質問をしても，十分な回答は得られない。この点については，調査対象である行政の特性からは当然に分かることのようにも思うが，実際にはよく分からずに質問してしまう事例もあるようである。

「具体的な対応を求めるようなもの」については，質問と言うよりも提案や詰問のようなことをしてしまう場合である。たとえば，「なぜ，○○という施策を実施していないのか。いつまでに実施できるのか」といった種類の質問である。

調査者の興味関心や問題意識に強く根差して質問を考えると，「知りたい」「尋ねたい」「こうしてほしい」といったことが先行して，回答不能な事柄に思いが及ばないことになりがちである。回答者が回答可能なのかどうか，相手側に立ってみて質問を考える必要がある。

⑤専門用語などは極力使わない

行政を対象とした調査の場合は，行政における特定のテーマの担当者はある意味でそのテーマの専門家でもあると言える（もちろん程度の差はあるが）。そのため，あまり丁寧に説明しすぎる必要はない。どうしても必要な場合は丁寧な注をつける。しかし，学術用語を使う際には慎重になるべきである。実務分野におけるテーマに関しては専門的な知見を有していても研究者が読んでいるような論文まで読んでいることを期待してはならない。

専門用語の使用と同時に気を付けたいのが質問文の文体である。特に研究論文を読み込んでいると，質問文が「硬く」なりがちだ。相手はその分野に通じていると思われる職員であるからと言って，どのような文章でも容易に理解できるわけではない。一読して，その文意が通じるような平易な文章による質問を心掛けたい。

⑥関連ある項目やテーマは同じ場所に固める

インタビュー調査の場合も，アンケート調査の場合にも，回答してくれる人が実際にどのように考えるかを常に想像することは非常に重要である。調査設計をする際には，調査協力者に負担のないように心がける必要がある。言い換えると，相手が調査に回答することに気が散るような質問項目にしてはいけないということである。

陥りやすいのは，前半でＡという政策テーマについて質問し，中盤でＢという政策テーマについて質問し，後半でまたＡに戻って来て質問するというパターンである。ＡとＢが近接するテーマであると，質問作成時に気付かずに，ＡとＢを行ったり来たりする質問にしてしまうこともある。

なお，アンケート調査では，前半で行った質問を再度後半で行うことにより，その回答の正当性を担保するという方法も存在する。前半と後半で同じ質問をしているにもかかわらず，両者で回答が異なっている場合，その回答者は正しい回答を行っていないことになる。そのような回答については，集計に含まないことにするのだ。社会調査法の教科書などでは，そのような方法も紹介されているようだが，行政を対象とした調査ではあまり好ましい方法ではないと考える。

⑦質問項目を考える際のチェックリスト

最後に，質問項目およびアンケート用紙を作る際のチェック事項についてまとめる。この点に関しては関連する参考書が多数存在するので，詳細についてはそれらを参考にしてほしい。ここでは，質問項目を考える際の基本的なチェックリストを掲載しておく（表2-1）。

以上，本節では，調査を設計する上で注意すべきことを順を追ってまとめてきた。次節以降では，まず，2.2において，一般的な社会調査と比較した際の行政を対象とした調査の特徴について，2.3，2.4においては，調査の実現性という観点から「実現性の低い調査」と「高い調査」について具体的に考えていく。

表2-1　チェック項目リスト

	チェック項目	
1	公開されている情報について確認を行ったか（①）	
2	自治体を対象にプレ調査を実施したか（①）	
3	テーマを相対化できているか（②）	
4	質問文を精査したか（③）	
5	質問の回答可能性について配慮しているか（④）	
6	質問文はわかりやすい表現になっているかどうか（⑤）	
7	質問紙のレイアウトはわかりやすいものになっているか（⑥）	
8	選択肢に抜け漏れやダブりがないか（その他）	
9	質問文は回答を誘導するものになっていないか（その他）	

2.2　一般的な社会調査と行政を対象とした調査との考え方の違いについて

行政を対象とした調査を実施する際に考えるべきことについて，一般的な社会調査と比べた際にどのような点において異なるかについて，①サンプリングに対する考え方，②調査対象へのアプローチ，③問い合わせの対応，④再依頼，⑤報告書の５点についてまとめる。ここで述べる考え方は，行政を対象とした調査を考えるにあたって特に重要である。

①サンプリングに対する考え方

社会調査では，ランダムサンプリングを行いそこで選定された対象者に調査を実施するというのが一般的な方法である。統計（学）やデータサイエンスが注目される中で，調査実施にあたっては，ランダムサンプリングが必須と見る向きもある。そのような中で，検定力分析，効果量，信頼区間の議論が以前にも増して注目が集まるようになってきている。

一方で，行政調査の場合は，全数を対象に調査をする場合や，調査対象の範囲を自らで定義する場合が一般的である。前者の場合は，全国の都道府県（47都道府県）や全国の市町村（1718市町村）など，すべての自治体を対象に実施する場合が多い。後者の場合は，政令指定都市を対象，○○○○の実証実験に参加した自治体，○○○○の制度を実施している自治体を対象など，調査テーマに応じて適した対象を自らで定義していくことが考えられる。

そもそも，行政調査では，ランダムサンプリングしようにも，全体の数が小さいという制約がある。調査の正当性を担保する上では，ランダムサンプリングを行ったということが事由にできないこともあるので，どのような根拠をもって調査対象を選定したのかを明確にすることが特に重要となる。この根拠が不明朗なものであると，「都合の良いところだけ対象に選定した」という批判を受けることになるから注意が必要だ。論文誌に論文を投稿した際に，却下される事由として調査対象の選定の恣意性が指摘されることは著者らの経験でも多い。

行政調査の場合，調査対象は，県や市という公式の組織である。その回答は，公式の組織としての見解となりうる。そのため，一般的な社会調査とは異なり，その回答は公的な性格を帯びるため，回答者は等閑な回答を行うことができない。調査者は自身の興味関心や研究課題に応じて調査を実施するが，調査依頼を受ける側は公式な回答を行わざるを得ず，場合によっては「回答せず」という対応が合理的になる。調査者から見ると，この回答拒否は理不尽に思えるが，行政調査については当然に起こりうることは承知しておきたい。選定した調査対象から必ず協力が得られると考えることは，行政調査においては現実的ではない。結果として，行政調査が「協力の得やすい自治体を対象にした調査」になりがちである。「協力を得やすいところ」に偏らない工夫が必要とされるところであり，その工夫は本書の以降の記述に詰め込んだつもりだ。

②調査対象へのアプローチ

第１章で述べたように，近年では，インターネット調査会社を用いた社会調査がかなりの数実施されるようになってきている。これが社会調査で大きく問題になることはないと思うが，行政調査の場合には，調査対象が自治体という，ある意味で特殊なものであるがゆえに，調査プロセスでイレギュラーが起こりうる。その対応に長けた調査会社であれば問題になることはないと思うが，そうではないと，こちらが想定した調査が十分に実施されないということも起こりうる。この注意点については，以下に指摘する。

行政を対象とした調査の場合には，まず調査票の発送時点で様々なテクニックが必要となる。担当部署の連絡先の特定や実施時期など考慮すべき事項が数多く存在する（詳細は第４章で述べる）。また，調査依頼を行うチャネルや，依頼の方法など気をつけなければいけないことは多岐にわたる。

調査テーマによっては，担当部署が特定の部署だけにはとどまらず，複数の部署にまたがっているという場合もある。このような場合には，調査を受け入れてくれた自治体においてはより重い負担がかかることになる。各省庁の調査などの場合は，業務の一環として実施しなければならないものという位置付けになるが，外部からの調査依頼などの場合は，受け手側の労力を考える必要がある（この点に関しては，コラム４において行政職員の方に内情を記述してもらっている。詳しくはそちらの方を参考にしてもらいたい)。

③問い合わせの対応

社会調査を実施する場合，調査実施者の連絡先等を記して質問等を受け付けるが，質問等が寄せられることは必ずしも多くないように感じる。一方で，行政を対象に調査を実施した場合には調査実施直後からある程度の問い合わせが寄せられる。それらの中身は実に様々であるが，これらの問い合わせに対して真摯に対応を行わなければそもそも回答を得ることができない。

特に，担当者でなければできないような専門的な問い合わせが行われることも少なくない。調査者の理解が十分ではなかったゆえに，回答に迷うような質問文になってしまっていたということも起こりうる。質問における用語には細心の注意を払い，必要に応じて注意書きを入れて，用語の定義を明確にするといった作業が求められる。

調査者の不勉強により，回答困難な質問を行い，その結果として問い合わせを招来させてしまうということは絶対に避けなければならない。このように，調査の過程においても調査対象者と必要なコミュニケーションを適宜取らなければいけないという点も，行政を対象に調査を実施する際の大きな特徴の一つであると言えるだろう。

④再依頼

行政を対象に調査を実施する場合には，１度目の調査依頼で回答をもらえなかった自治体を対象に調査の再依頼を行う必要がある。行政の場合には，業務多忙により後回しにされていることや忘れられていることなどがあるため再依頼を行うことは非常に重要である。実際，一回目の依頼で返信をもらえない自治体でも調査依頼の再送を送ると，調査協力の有無は別として，大半の自治体が何かしらの形で回答をくれる。

⑤報告書

社会調査の場合は，謝礼が支払われることが多いが，行政調査の場合には謝礼等が発生することはない。ではどのようなモチベーションで調査に協力をしてくれているかというと，調査結果そのものに興味関心を示してくれているということが第一である。実際，新規に開始された事業などの場合は，業務の引き継ぎなどもなく，ゼロから担当者が周辺の自治体の情報収集をしながら業務を行わなければいけない。特にこのような時には，これらの調査は業務を行う上でも参考にされることが多い。調査を実施する側もたんに，調査に協力してもらっているだけではなく，調査の結果を還元することを通して行政活動への還元ができるのである。

あるいは，行政という立場上，公的な組織として調査依頼に答えなければならないという公共心から調査に協力してくれるというのが第二である。特に調査者が研究者や学生である場合には，公共心から貴重な時間を割いて調査協力してくれることも少なくないだろう。筆者らの経験では，「大学院生の研究に協力できるのであれば」ということで，次の調査先の担当者に取り次いでくれたりすることもあった。

公共心ゆえに協力を得られた場合にも，調査結果の還元をもってお礼に代えるのが最善であると考える。調査自体は自身の興味関心なり研究活動に応じて行われるものだが，その結果を社会的に還元することも意識したい。

さらに，「他の自治体が協力しているなら」という理由で協力してくれるというのが第三である。この場合は，たとえば，調査後に報告書を共有するという一文を依頼文に入れると，「他の自治体も見るだろう」ということで協力するという判断にもつながりやすくなる。ただ，注意が必要なのは報告書を事後に共有すると強調すると，「報告書だけ欲しい」という回答が来ることもあることだ。協力と報告書の共有はセットとして考えたい。

以上のように，行政を対象に調査を実施する際には，一定程度行政とのコミュニケーションを取りながら調査を進める必要があるというのが行政を対象に調査をする際の最も大きな特徴であると考える。その「コミュニケーション」を取ると一言で言っても，行政側の論理や仕組みを理解していないために，すれ違いが生じてしまい調査がうまくいかないという事態を避けるために書かれているのが本書であると言える。ここでの前提を踏まえて，次節以降では，行政を対象に調査を実施するにあたってどのような調査であれば実現性が低いのか，逆に，どのような調査であれば実現性が高いのかについてまとめる。

2.3　実現性の低い調査

本節では，行政を対象とした調査を考える際に実現性の低い調査について考えてみることにしよう。調査テーマの「調査を実施するタイミング」，「回答可能性」，「質問の目的」という３つの視点からまとめる。

①調査を実施するタイミング

まず，調査テーマの時間性についてである。調査対象が現在どのような時間的位置付けの中にある場合に，実現性の低い調査となってしまうのかについて考える。

未定のこと（将来のこと）

行政内部でまさに審議している事項や将来のイベント等について尋ねるのは少なくとも学術的な視点からは止めた方が良い。

まず行政の側の立場からすると「回答できない」というこの一点に尽きる。これらのことを探るのはメディアの仕事であると心得よう。

また，研究者の立場から見た場合には，これらに関しては仮に情報を聞き出したところで，それらに関して検証のしようがなく，少なくとも学術的な文章にはなりにくいだろう。

現在進行形で生じていること

これに関しては，実現性が低いという訳ではないが，必ずしも研究に適した時期ではないと考えられるためここに分類した。「現在進行形」の案件に関しては，その取り組みの実施期間にもよると考えられる。

たとえば，開始後直後の取り組みの場合は，調査を行おうとしてもそもそも蓄積がない状況であり，調査を行うこと自体が困難であることが考えられる。あるいは，個々人の心理状態や感じ方などについての調査を実施する場合は，まさにイベントが生じている時期にピンポイントで実施した方が精度が高い回答を得ることができるだろう。一方で，行政の施策や何かしらのプロジェクトに対して調査を実施しようとした場合には取り組みが行われている最中のものは調査対象としては必ずしも適さないであろう。ただし，現状把握や実態把握という面では一定のニーズがあることは十分に考えられる。どのような立場の人がどのような目的で調査を実施するかによって見解は異なってくる。

一方で，仮に現在進行形で実施中の取り組みであってもすでに一定の取り組み期間があるものに関しては，調査に耐えうるだけの実績がすでにあると考えられる。そのため，これらの取り組みに関してはむしろ調査対象として適していると言えるであろう。逆に，プロジェクト等の終了後に長期間が経過してしまっているものに関しては研究対象としては好ましくないと言えるだろう（詳しくは後述)。

②回答可能性（立場的に回答できない質問）

他の自治体への評価など，調査協力者個人による他者や他事例への評価に関しても回答は難しいと考えておくべきである。

また，いわゆる政治的な事柄に関わる質問については，行政職員としての立場上は回答しにくい。選挙で選ばれた首長は政治的な言動を行い，それがマスコミでも取り上げられることがある。そのような報道を目にして，首長の政治的な言動について行政に尋ねても，回答が得られるとは限らない。もちろん，調査依頼を行えば，首長に確認をしてくれないこともないだろうが，実際にはそのような対応は期待薄だろう[2)]。

政治的な事柄ということでは，自治体を対象にした調査の場合，地方議会に関わる事柄が質問事項になることも想定される。しかし，そのような議会に関する事柄についても行政からその回答を得ることは難しい。どうしても地方議会に関わる事柄について質問したい場合には，議会事務局に問い合わせること

2)　もちろん，その時々の社会問題に触発されて調査を実施すること自体は決して悪いことではない。ただ，ニュース報道が調査のきっかけにはなったとしても，そのニュース報道の延長線上で調査の装いをまとって行政の問題を追及するようなことをするのは慎むべきである。そのような問題追及のための調査であることを行政は警戒して，直近でニュース報道があったようなテーマについての調査依頼には応じないという対応が取られることもある。

になる。その場合，当然のことながら，「議会として」の回答がなされることに留意が必要である。

日本の地方自治では執行機関と議事機関の二元代表制が採用されており，行政職員に対して調査を行う場合には，その立場上，執行機関側で回答できる範囲内での回答が主となることは心得ておきたい。逆に言うと，議事機関である議会側に調査を行うのであれば，あくまでも議会に関する事柄について調査できるのであって，執行機関に関わる事柄を尋ねても回答を得ることは期待できない。

③質問の目的

調査者の質問の意図や目的の観点から見た場合に，以下の２点については慎重に考えるべきである。

そもそも行政が目指していないことに関する質問

一見当たり前のようであるが，それゆえに非常に重要である。仮に，調査者だけの独特すぎるテーマなどの場合は，そもそも相手方と会話が成立しないということすら十分に考えられる。この点に関しては，社会人大学院生において特に見受けられることであるが，自分のこれまでの職業の延長線上の研究テーマを設定することはよくあることである。その中で出てくる質問として，「自分の業界ではこんな水準までやっているのに行政ではなぜできないのか？」と言うものがある。これに関してはそもそも行政では必要がないのでやっていないということや，ビジネスでやることとは目的がそもそも異なるなどが理由としてある。

個人的な興味関心だけに基づくもの

もとを正せばどのようなリサーチクエスチョンも「個人的な関心」ということができる。また，どこまでが個人的なもので，どこからが公共的なものなのかという定義づけが難しいという側面がある。ここでの判断基準の目安としては以下の点をあげておく。以下の３点について，実施予定の調査テーマがバランスを取れているかどうかを考える必要がある。

①それを問うことの社会的な意義があるかどうか（調査の社会的意義）
②関連する先行研究があるか（学術的意義，実施可能性）
③行政職員や同じ分野の研究者の関心を引くものか（時宜を得たものか）

ここまで言及していなかった点にかかわり，③について付言しておくと，本書は二人の研究者によって作成されたものである。筆者らは普段から近接するテーマについて研究上の相談を行っている。新たな調査を行うとなったときにも情報交換をしたり，調査項目の確認を相互に行ったりしている。もちろん，一緒に調査を実施することもあるが，このように同じ分野の研究者同士のやりとりにより，個人的関心に偏ることのない調査の実施が可能となっている。

大学院生などでは，同じ分野の研究をしている者が身近にいないケースもあるとは思うが，そのような場合には指導教員に相談したり，学会などでお世話になった先生に相談してみるといったことが考えられるだろう。

新たな着眼点を見つけたと思った際には，それを自身で独占したくもなるが，それは往々にして独りよがりな考えに陥り，個人的な興味関心だけに基づく調査につながってしまう。他者の視点の重要性と必要性を考慮して，信頼できる人物からの助言や協力を得て調査を進めたい。

本当にその調査は必要なことなのか。その確認時には第三者の意見を十分に反映させるべきである。

2.4　実現性の高い調査

2.3とは反対に，本節では行政を対象とした調査を考える際に実現性の高い調査について考えてみることにしよう。ここでは，調査テーマの「調査を実施するタイミング」，「回答可能性」，「行政としても情報を欲している調査テーマ」という3つの視点からまとめる。

①調査を実施するタイミング

まず，調査テーマの時間性についてである。調査対象が現在どのような時間的位置付けの中にある場合に，実現性の高い調査であるかについて考える。

すでに取り組みとして完了していること

2.2で述べたことの裏返しになる。一通り完了している取り組みなどの場合は，資料も揃っている。また，新たなイベントが追加されることもないので，確定的な記述を行うことができる。一点，ここで気をつけておきたいことは，あまり時間が経過してしまったものは好ましくないということである。当時の担当者がいないということや，業務やプロジェクトとして完了してしまっているものである場合は，そもそも情報共有が行われていないことが考えられる。資料が十分に保存されていないこと，当時の記録や記憶が曖昧になっていることもある。適切な情報を得るために，調査の適切な実施時期を捉えるということが求められる。

②回答可能性（行政として公式な見解を出していること）

すでに似たような調査が実施されているもの

まったく同じ調査を繰り返すことは非合理的であるため注意が必要であるが，すでに別の誰かによって実施された調査に回答済であれば，似たような調査には応じやすい。先進的な取り組みを行う自治体として知られるようなところでは，そこを対象として各種の調査がすでに実施されており，何度も担当者が応対しているということも少なくない。

回答慣れしているテーマであれば，新たに回答の準備をする手間もあまりなく，調査を引き受けることに支障もない。

まったく同じ質問を繰り返すのは失礼にあたるが，すでに行われた調査で全てが調査し尽くされているということも考えにくい。質問を工夫することで新たな回答を引き出すなど，「似ているようで，似ていない」調査を行うという調査者の腕の見せどころでもある。

問題意識が明確なもの

問題意識が明確であるというのは，一見当たり前のようであるが，それゆえに非常に重要である。

調査を実施することが先行してしまい，漫然とした質問を行ってしまうこともないわけではない。そもそも何が問題なのか明確ではなく，調査を行うことで問題を明らかにしようとしたりすると，質問自体も漠然としたものになりやすい。漠然とした質問に対しては，漠然とした回答や一般的に言えるような内容の回答しか返って来ないため，仮に調査は実施できたとしても，その結果は芳しいものとはならない。

あるいは，調査者だけの独特すぎるテーマなどの場合は，そもそも相手方と会話が成立しないということすら十分に考えられる。いわゆる話がかみ合わないという状態となるようでは，調査の成功はおぼつかない。

調査者の問題意識が明確であれば，回答する側も応答がしやすい。回答できることと回答できないことが存在するのは常だが，そもそも回答できるのか否か分からないような質問をされても困るというのが調査を受ける側の率直な感想だろう。問題意識を明確にし，応答が可能であると認識してもらえるような質問を行うことが調査の実現可能性を高めることにつながるのである。

③行政としても情報を欲している調査テーマであること

行政側としても情報を欲しているもの

新規の事業の場合などには，引き継ぎなどもなくゼロベースからその業務に取り組まなければならない。このような時に自治体における担当者がよく行うことが，同様の取り組みを実施している他の自治体の調査を行うということである。そのため，仮にこのようなタイミングで調査を実施できていれば，相手方にとっても必要な情報であり積極的に調査に協力してもらえる可能性が高いと言えるだろう。

社会的な意義があるもの

震災や災害等で緊急に対応を要するが関連する情報があまり集まっていないものなどに関しては，行政としても業務を進める上で情報を必要としていることが多い。

一方で，特に災害等の場合は，現場は対応に忙しく，調査依頼などに関しての審議を内部で実施している余裕は全くないだろう。また，同じ時期に同様の調査を他の主体が実施している可能性も高く，似たような質問に複数回答することは大きな負担となることが考えられる。仮に実施をする場合には，少なくとも突発的な対応が必要になる業務が落ち着く一定期間経過後に連絡するようにすべきである（このような状況下に依頼の連絡を行っても返信すらもらえないと思った方がよい）。

時勢に即したテーマ

これに関しては，同様の問題意識で同時期に多くの調査をしていることがよくある。また，社会的な関心事の場合は行政としての公式見解や資料等が公開されたり配布されていることも多い。第３章とも重なることになるが，これらの資料に関しては事前に確実に調べておこう。これらも調べずに公式に公開されていることを質問するのはマナー違反である。このようなふるまいが増えることでその後の調査を受けにくくなるなどということも十分にある。自分１人のためだけでなく，同じコミュニテイに所属する他の研究者の迷惑にもなるので気を付けなければならない。

2.5　まとめ

ここまで，「実現可能性の低い調査」「実現可能性の高い調査」について見てきた。では，実際に現実的な調査にするためにはどのように調査設計をすれば良いのだろうか。最後に，ここまでの知見を踏まえて，現実的な調査設計についてのポイントをまとめる。まず，調査設計を行う前に考えるべきことについては，2.1においてまとめたとおりである。ここでは，調査の事前準備から，質問紙の作成に関する作業までを通して説明を行った。2.1節末には，調査実施時のチェックリストを用意している。実際の調査設計に入る前に，リストをチェックしてから作業に入ってほしい。

2.3，2.4においては，調査の実現可能性という視点から実現可能性の高い調査，低い調査それぞれについてまとめてきた（表2−2）。

表2-2　実現可能性の低い調査と実現可能性の高い調査の比較

	実現性の低い調査	実現性の高い調査
調査を実施するタイミング	未来のこと，現在進行形であること（評価の定まっていないこと）	すでに完了していること，一定期間の時間的経過があるもの
回答可能性	回答ができない	回答可能であること
調査テーマ	個人的な興味の範疇を出ない	行政が興味関心があること

コラム２　行政の目線で参考にしたい調査研究とは？

東京大学大学院情報学環
渡部春佳

はじめに

この本を手にとる人の中には，研究によって政策提言を行いたいと思っている方，または行政を対象にレポートを書く必要のあるという方もいるのではないでしょうか。行政には，より現場に必要な知見をもたらすための調査研究活動も存在しており，あなたの明らかにしたいと考える政策や事業についても触れられているかもしれません。実際に，国や自治体，公的機関では，コンサルタント会社や調査会社に委託して調査研究が行われ，その成果が公表されていますが，それらのうちのどれほどが政策提言や実務の改善につながっているかは定かではありません。筆者には，委託によって行われた，世にでている調査報告書はより良いものになりえたのでないかと感じられることがあります。

このコラムでは，公的機関の調査研究を受託した大学のプロジェクトの参加や，調査を委託する側である自治体や独立行政法人の研究員として，調査研究を行ったことのある筆者の経験をもとに，どのような調査研究であれば行政の参考にしやすいのかを考えてみたいと思います。

１　明らかにされる範囲や深さが現場のニーズにあっている

まず，調査研究が明らかにする範囲やその深さの度合いに関してです。行政の内部で研究を行っていると，より実態を反映した形で現場のリアルな息遣いの伝わるレポートを参考にしたいと感じることが多々あります。また，特定の成功事例や取り組みにだけ焦点を当ててパッチワーク的に紹介された調査結果は短期的には参考になるものの，政策全体の中のどの部分が切り取られたかわからないために大きな制度変更や改革に用いるには参考にしづらいと感じます。

たとえば，海外の先進的な類似組織を事例に，制度運用の実態を明らかにしたいという調査研究では，予算配分や理念だけではなく，その制度を運用するための人員や体制はどうなっているのか，どのようなバックグラウンドの人が職務についているのか，どのようなスピード感で物事が処理されているのかといったかなり具体的な制度運用の実態まで明らかになってはじめて，参考になると思います。ある職場で，全く新しい事業や組織の立ち上げを行おうとするとき，他の組織ではどのように行っているのか，その細部または結果までが伝わることで自らの組織の置かれた状況と比較が可能になり，参照しやすくなるのではないでしょうか。

また，同様の業務を行っている現場で抱えている問題は，国は違えども似通っていたりします。制度の設計がどうなっているのか，なぜそのような形になったのか，全体的に組織がどう動いているのかということを探求している調査研究は，調査の過程では調査される側にとっても問題意識を共有しているという信頼感にもなり，研究成果内容を充実したものにすることにもつながるように感じます。

2　信頼に足る手続きに則っている

次に重要なのが，調査の信頼性です。これは一般的に学術論文には当然求められることですが，行政等の公開する報告書には信頼できる方法で収集されたデータであるか，処理は妥当であるかといったことが定かでないために，参考にできないものがあります。また，海外の公的機関では政策の策定や事後評価に先立ち，特定の調査を新規に行うのではなく，エビデンス・レビューといって，これまでに行われた調査研究成果をまとめたレポートも公開されています。エビデンスの定義をどう考えるかという議論はあるところですが，そこでレビューされる対象は，信頼に耐えうる調査研究でなくてはなりませんし，それなりの論文数も必要になります。ですが科学的なプロセスに基づき，事実に基づく正確な調査研究が一つでも多くあれば，それに基づく見通しもたてられますし，様々な場面での説得材料としても利用できます。

また，報告書では，学術論文のように研究者に参照されることを前提としていないため，個々の文章が何を根拠に書かれているのかがわからないことも多く，出典があればよいのにと感じることは往々にしてあります。参考としたウェブサイトのURLや書誌情報の明記があるだけでファクトチェックにも使用できますし，研究者が今後，その結果をもとに新たに研究を発展させていくこともできます。

3　政策が実現する価値や理念について考えられる

さらに指摘したいのが，政策が実現する価値や理念を考える際に参考になるような調査研究の存在です。最終的に，行政が手掛ける個々の施策は，それによって実現したい状態を想定して，価値・理念に基づき設計がなされていくことが理想です。もしくは現場の問題意識から，ボトムアップ的に生まれてきた優れた施策や事業があったとしても，年月が経過すれば，それまでの成果をもとに運用方法を見直さなくてはならないということにもなるでしょう。その時，「この施策によって実現したい価値は何か？」という根本的な問いに立ち戻って考えなくてはならない場面が出てくると思います。その際に参考にしたいのは，行政活動や日常業務を効率化させるといった，短期的な成果のために行われる調査とは異なる種類のものです。

たとえば，前述した海外の国の制度研究や国際的な制度比較，そして政策領域についての歴史研究なども含まれるだろうと思います。今と全く違った時代や国において，政策が何を目指してきたかを知ることは，今後を見通すうえでも参考になるでしょう。また，行政にとっては，研究のテーマ設定という点で新しく，優れた調査も重宝するのではないでしょうか。政策によって解決したい問題や実現したい成果に対するアプローチについての新たな試みは，行政内部で働いていても参考にしたいと思えるものです。

さらに，政策の価値を考える上では，市民参加型の政策形成，理念形成のための方法論についての研究，事例も役立つだろうと思います。

4　おわりに

政策評価の取り組みから年月が経過し，行政で働く人々の調査研究に対する期待は小さくないと思います。行政機関は，外部から予想するよりも多様なデータを多く集積しています。それをどう分析したら，職務遂行や業務改善に役立つのだろうと感じている人も少なくないでしょう。では，現場の問題意識を外部の研究者が理解することは，どのようにしたら可能なのでしょう？　もしくは実務にあたる行政職員が，民間のコンサルタント会社や調査会社，または大学や研究者らと共同で研究を遂行していくためにどのようなことが必要になるのでしょうか？

行政の抱える問題は外部から見えにくく，第三者にその意図を汲み取ってもらうことは簡単ではありません。私自身，受託側の組織で調査研究を行ったときには委託元の依頼事項の意図がわかりづらいと感じたこともありますし，逆に委託する立場に立って研究していると委託先になぜこちらの明らかにしたいことが伝わらないのだと感じることは多々あります。しかし，別の組織で働く人がはじめから現場の課題認識を共有しているわけではなく，これは当然のことなのだと思います。さらには，同じ組織にあっても課ごとに関心が全く異なり，自分の所属している部署以外の人々が置かれている状況や組織の力学について知ることは容易ではありません。

これに対する明確な解決策はありませんが，行政側には，実務経験や専門性に関わらず客観的に明らかにできそうなことと，実務経験がないと重要性が伝わりにくいポイントを切り分けて，どの部分を外部に委託するか，どの程度の情報を事前に共有する必要があるのかということを明確にしておく必要があると思います。また，調査研究する側としてはなるべく現場の課題を理解しようとする姿勢を持つことが重要だと感じます。一方で，立場にとらわれず自由に発想できることも研究者の強みですので，実務を担う人と完全に関心を一致させる必要はないでしょう。長期的な視点に立った研究を設計し実現していけるのは，現場の関心からある程度自由な研究者の方が向いていることもあると思います。これについては，行政側にも研究者のモチベーションや専門性を汲み取ろうとする姿勢が求められるでしょう。実りある政策研究が行われるためには，長い目で，行政と研究者の相互の信頼を深めていくことが重要なのだろうと思います。

第3章　実査までの手順

本章からは具体的に調査を実施する際の手順やプロセスについて説明をする。この点に関しては，関連する社会調査の書籍がすでに充実しているので，本稿では基本的な事項に関しては必要最小限にとどめて，特に行政研究において必要と考えられる点について紹介していく。

本章で取り扱う一連のプロセスは次のとおりである。3.1として，調査に関連する情報，3.2として先行研究の探索方法について取り上げる。3.3では事前準備としてのパイロット調査を，そして3.4では調査対象に連絡を取るにあたって重要になってくる調査対象の連絡リストの作り方について紹介する。

3.1　関連情報の探索

調査にあたっては，先行調査の探索が欠かせない。同様の調査の実施という車輪の再発明は調査者にとって無駄になるだけではなく，繰り返し同様の依頼を受けることになる調査相手に不要な負担を強いることになるからである。

まずは，徹底して関連する情報を調べよう。ウェブサイトや公開資料に載っている情報をそのまま質問することはマナー違反である。それだけでなく，それら公開情報は質問の導入として使うことにもなるため，事前の関連情報の調査では特に重要となる。たとえば，アンケート調査で，公開情報を基に追加の質問を設けることが可能である。

インタビュー調査も同様で，「こちらの資料によると，このように書かれているが，この点について詳細を教えていただきたい」といった質問をする。前段の資料の提示がないと，質問の回答はその公開資料に書かれていることをなぞった程度となり，インタビュー調査を行う意義を失うことになる。

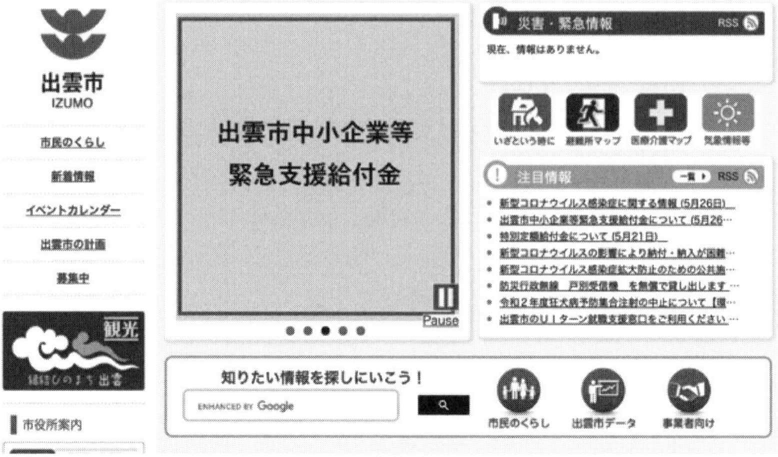

図3-1　出雲市ウェブサイト　(https://www.city.izumo.shimane.jp/www/toppage/0000000000000/APM03000.html)

①キーワードで調べる

自治体のウェブサイト内にある検索ボックスにキーワードを入れることで，関連情報を探索することができる（図3-1）。なお，これには注意が必要で，自治体のウェブサイト内の検索にGoogle検索が利用されていることがある。その場合，通常のGoogle検索と同じ検索結果が返されることになる。その他の検索ツールも利用して二重チェックを行い，情報の抜け漏れが生じないようにしたい。

②担当部署で調べる

「組織情報」から自身の関心のあるテーマに関係する組織を特定する（図3-2）。組織名だけで判別しにくい場合は，部署の名前を選択すると詳しい業務内容などが説明されているので，その記述から確認することができる。また，後に調査依頼を行うことになるので，この時にメールアドレスなどの連絡先も記録しておくことをお勧めする。

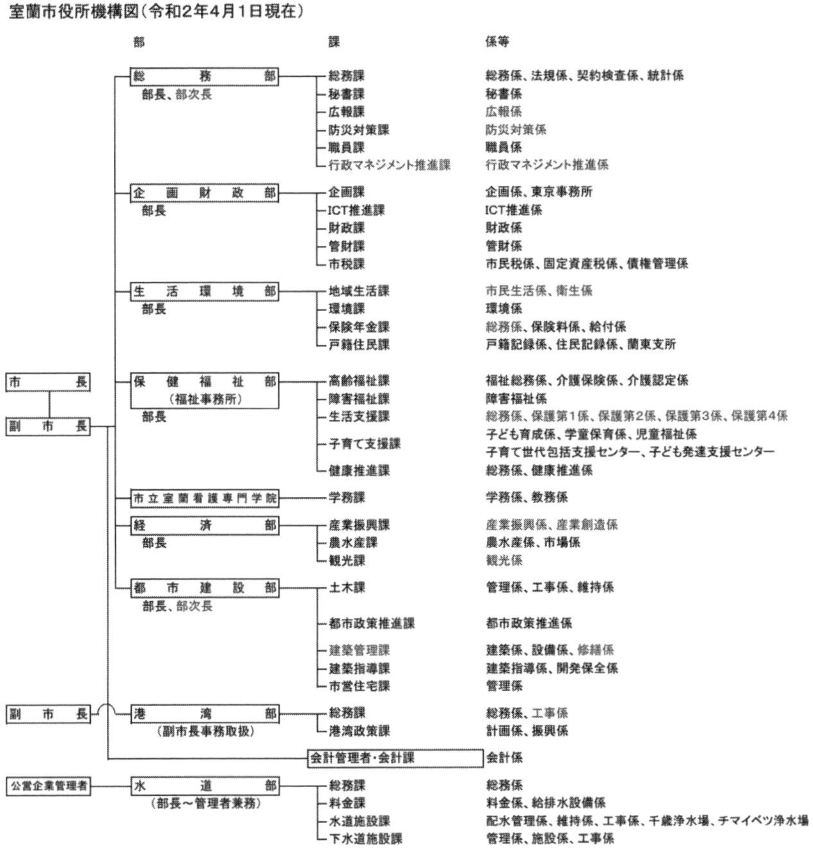

図3-2　室蘭市役所機構図(一部抜粋)
(http://www.pref.hokkaido.lg.jp/ss/scs/gyousei/gaiyou/soshikizu/012050_muro-ran.pdf)

③関連ページで調べる

担当部署が特定できたら，次に行うことは自身の興味のあるページでの情報の収集である。その自治体に関する基本的な情報についてはこのページに記載されている。最低限当該ページに関する情報は漏れなく確認しよう。また，関連する国の審議会の資料や関連情報へのリンクを載せてくれている自治体もある。

④比較する

よほど特徴的な事例や取り組みではない限り，調査対象先が一つであることはそう多くないだろう。同一のテーマについて複数の自治体を対象に調査をする場合は，単にその自治体の情報にばかり目を配るのではなくて，関連する自治体における取り組みと比較しながら各々の自治体に投げかける質問を考えてみよう。

⑤事前のヒアリングなど

これは少し苦労するかもしれないが，もし可能であれば関係者などを対象にラフな形でいいので事前にヒアリングなどをしておくとよい。それにより調査全体に対してのイメージを摑むこともできるし，直近の動向や現場における問題点などを把握することができる。

事前ヒアリングをしておくことのメリットとして大きいのは特徴的な事例について知ることができるということである。先進事例や全国的に有名な事例に関しては，少し調べればいくらでも情報を入手することができる。また，実際にすでに先行研究としてもある程度公表されている。一方で，現場レベルで入ってくる情報はより実践的な視点から収集されている場合が多く，いわゆる「シブい」事例についての情報を入手することができる。このような情報の手玉を多くしておくことで，自身の研究のオリジナリテイを高めることにもつながる。裏返していうと，すでに手垢がついてしまった全国的な先進事例ばかりをいくら深掘りしても研究の独自性を出すことは難しい。また，世に出回っている先進事例が実際のところはそこまで先進的ではなく，現場レベルでは別の事例が参照されているということも多い。実務にあたっている人から見て先進的な事例や参考とされる事例は何かを探るという意味で，事前ヒアリングは大変有効な手段となる。

もし，事前にヒアリングを行うことが困難な場合には，関連のイベントやシンポジウムなどに参加してみることもよい。特に自治体職員が参加するイベントなどには積極的に足を運びたい。職場外ということで，普段であれば聞きにくい事柄も聞くことができるからだ。

著者は一般社団法人社会基盤情報流通推進協議会（AIGID）が実施する「ア

ーバンデータチャレンジ」のイベントに参加し，そこで全国の自治体のオープンデータ担当者と知己を得ることができた。後に，ここで関係ができた担当者の方にインタビュー調査に行ったことがある。一度対面で会話をしておくと，少なくともメールへの返信がないということはなくなるだろう。場合によっては，その場でアンケート調査への協力依頼や，インタビュー調査の日程の調整などまでできてしまうこともある。

こういった機会に参加することによって，全国的な流れや最新の情報をキャッチアップすることだけではなく，全国各地で活躍している人たちの事例も収集できてとても効率的である。また，調査対象者と直接話してみるというのも一つの手段である。こういった集まりに参加している自治体などは積極的に調査依頼に応じてくれる自治体であることが多く，コミュニケーションをとっておくと，その後の調査の依頼なども非常にスムーズに行うことが可能である。

3.2　先行調査の探索

①行政に特化した研究の探し方

特に少なくない研究者が関心を抱くことが予想されるテーマに関しては，すでに何らかの調査が実施されている可能性がある。また，調査対象が自治体となる場合には，中央府省による調査が実施されていることも少なくない。

たとえば，内閣官房 IT 総合戦略室は，2016年度と2018年度にオープンデータに関するアンケート調査を全国の自治体を対象に実施しており，その結果の概要と個票を公開している。このような中央府省による全自治体を対象にした調査は回収率が高く，類似の調査では実現しえないような悉皆性を備えている。質問項目も多岐にわたることが多く，その調査結果を見るだけで，事前に必要な情報を一定程度入手することが可能である。まずは，中央府省による調査が実施されていないかを確認することから始めたい。その他に，自治体を対象に自治体が調査を実施するという事例も存在する。

さらに，前述のように研究者（研究グループも含む）によって調査が実施されている可能性もある。ただし，研究者による調査については，その結果の公表に速報性がない場合も少なくない。調査実施後に，その結果を研究発表や論文発表として公開する，あるいは調査報告書を公表するまでに数年を要することもある。何らかの結果の公表がなければ，調査実施の有無を外側から確認するのは困難である。普段から学会活動などを通じて，研究者同士の連絡を取っていると，「最近，こんな調査を行った」という情報を得ることができる。または，「一緒に調査をしないか」といった誘いを受けることもある。そのようにして情報を事前に入手することができれば，同様の調査を実施してしまうという二度手間は避けられる。しかし，常に，そのような情報を得たり，調査参加の誘いなりを受けたりすることは想定しにくい。

少なくとも，先行研究のサーベイを行う過程で，当該テーマに関する研究の現況を把握するとともに，自身が行おうとする調査がすでに実施されていないか，あるいは実施されている可能性がありそうかどうかはあたりを付けておく必要がある。

先行調査の探索の具体的な方法は先行研究のサーベイによるところが大きいが，それだけでは中央府省や自治体による調査を見落としがちである。というのも，それらの調査結果は研究報告や研究論文としては公開されていないからである。加えて，公共機関のウェブサイトは一般的にユーザビリティが低く，それら調査結果を発見しにくいということもある。

もちろん，ウェブ検索を行う過程で，それら中央府省や自治体による調査結果を発見することもあるが，あらかじめその存在の可能性を想定して探索を行わないと，見落としてしまうこともあり注意が必要である。

公共機関はその種の調査報告書を公開する際にPDFでの公開が選択されることが多いため，関連するキーワードにつきPDFに限定をかけてウェブ検索を行うと，容易に報告書が発見できることも多い。

②事例や先行研究の探し方

ここでは，事例や先行研究の探索方法について，図書館等を利用した書籍の検索，論文検索，新聞記事，省庁等の報告書について紹介する。

書籍の検索（図書館　OPAC）

書籍の検索に関しては，所属機関の図書館における検索システムを用いて行うことが一般的である。他にも，調査対象地域における県立・市立図書館などで資料を探すと思わぬ資料に出会えたりすることもある。

論文検索

論文検索も先行研究の探索には欠かせない方法である。現在は，ネット上で十分な論文検索を行うことが可能である。

まず，「CiNii（https://ci.nii.ac.jp/）」による検索があげられる。CiNii は，国立情報学研究所が運営する学術論文や図書・雑誌などの学術情報データベースである。図書館には所蔵されていない学会大会の予稿論文集のようなものでも，ISSN を取得していれば，CiNii で検索可能である。

次に，「Google Scholar」による検索がある（図３－３）。こちらはオンライン上で公開されている・入手可能なものを中心に検索可能とされており，CiNii では発見できなかったような論文を見つけることもできる。政府発表資料も Google Scholar では検索結果に表示されるので便利である。特に，検索の結果として表示される文献情報の右側に PDF と表示されることがある。これはそのまま当該文献をダウンロードすることができるものであり，そのようなものが表示される文献をまず確認したい。

なお，Google Scholar で検索した際に表示される文献情報について，「引用元」をクリックすると，当該文献を参照した論文などの文献情報が表示される。この機能を使うことで，関連する研究や調査を探索することが可能である。

CiNii と重複する部分もあるが，「国立国会図書館リサーチ（https://iss.ndl.go.jp/）」も論文検索として利用可能である。

論文検索の結果から先行して実施された調査の存在を確認するのは必ずしも容易ではないが，調査実施後に調査報告書や研究論文を作成するには，先行研究のレビューが求められるところであり，この論文検索の作業が無駄になることはない。調査実施前には，綿密に論文検索と先行調査の確認を行いたい。

新聞記事など

新聞各社が提供している新聞記事の検索データベースである。各大学等の契約状況等にもよるが主要な新聞社が提供しているサービスに関しては利用でき

図 3－3　論文検索画面
（https://scholar.google.com/scholar?hl=ja&as_sdt=0%2C5&q=%E6%9C%AC%E7%94%B0%E6%AD%A3%E7%BE%8E&btnG=）

ることが多い。

・ヨミダス歴史館（読売新聞）
・聞蔵Ⅱビジュアル（朝日新聞）
・毎索（毎日新聞）
・日経テレコン（日本経済新聞）

その他にも，調査テーマに特化した専門雑誌を調べてみることも参考になる。

政府の報告書等

各省庁が発行している報告書である（表3-2）。研究を行おうとしているテーマの背景等について詳しく知ることができる。また，年刊の報告書の場合は最新の情報やデータを俯瞰することができるので，とりあえず手に取ってみることを勧める。

府省による委託調査

毎年，各府省は数多くの委託調査を実施している。その大半はシンクタンクなどが受託して調査を実施し，その報告書が公開されている。その全てを把握することは容易ではないが，経済産業省のように，各年度で実施した委託調査

表3-2　省庁の刊行する白書一覧

総務省	地方財政白書	情報通信白書	消防白書	郊外紛争処理白書		
法務省	犯罪白書	再犯防止推進白書	人権教育・啓発白書	出入国在留管理（白書）	法務年間	
外務省	外交青書	開発協力白書				
財務省						
文部科学省	文部科学省白書	科学技術白書	教育白書	原子力白書	子ども科学技術白書	製造基盤白書
厚生労働省	厚生労働白書	厚生白書	労働経済白書	労働白書	自殺対策白書	過労死等防止対策白書
農林水産省	食料・農業・農村白書	食育白書	水産白書			
経済産業省	通商白書	製造基盤白書	中小企業白書	エネルギー白書		
国土交通省	国土交通白書	土地白書	首都圏整備に関する年次報告（首都圏白書）	運輸経済年次報告（運輸白書）	観光白書	国土建設の現況（建設白書）
環境省	環境白書	循環型社会白書	生物多様性白書			
防衛省	防衛白書					

出典：各省庁のウェブサイトをもとに筆者作成。

の一覧を公開しているケースもある（https://www.meti.go.jp/topic/data/e90622aj.html）。この一覧から，関連しそうな調査を探索することもできる。1点注意しておきたいことは，それら委託調査が必ずしも良質な報告書としてまとめられているわけではないということである。大半の報告書は，単純集計のみで，ひどい場合は，ヒアリング結果のテープ起こしをそのままベタ張りしているだけのものも見受けられる。他にも調査対象先が一切記載されていないものなど，そもそも調査自体が信頼に足りうるものなのか疑わしいものも散見される。あくまで，そのような報告書については，どのようなテーマについて調査が実施されているのか，調査対象はどこかを確認しておけば十分だろう。

もちろん，行政による調査には優れたものもある。とりわけ自治体が実施した調査の中には，府省による委託調査とは異なり，現場レベルで地に足のついた丁寧な調査がなされたものが少なくない。たとえば，日本最大の基礎自治体である横浜市による『調査季報』はその代表例だろう（その作成過程については，コラム1で紹介。図3-4）。行政が主体となっている調査であるため，民間企業や研究者では協力を得ることが難しい主体や入手が困難な情報にアクセスできていることもあり，先行研究として参照する際には極めて有用である。

また，昨今では行政が行った調査については，結果の概要だけでなく，アンケート調査の個票データが公開されることもある。そのような場合には，調査結果の概要のみならず，質問項目や回答結果まで十分に精査することが可能であり，その精査を起点として新たな調査の設計につなげることもできる。特に，回答結果のうち自由記述については，新たな着眼点を得るという意味では示唆に富むものが見受けられる。自由記述についての分析が十分に行われていない事例もあり，まずは自由記述の内容の確認を行いたいところだ。

3.3 パイロット調査

調査を実施するとなった時には，調査をパイロット調査と本調査に分けることが適切である。パイロット調査とは，ごく一部のサンプルを対象に行う先行調査のことである。時間に限りがある場合や協力を得られない場合などには，このパイロット調査を省略するということもありうるが，可能な限りパイロッ

図3－4　横浜市における調査季報
（https://www.city.yokohama.lg.jp/cityinfo/seisaku/torikumi/shien/tyousakihou/）

ト調査は実施したい。このパイロット調査の可否が本調査の可否を左右すると言っても過言ではないからだ。一般的な社会調査などの場合は，本調査に準じるような調査を，小さい規模の回答者を対象に実施することが多いものの，行政機関を対象にこのような水準でのパイロット調査を実施するのはあまり得策とは考えられない。その大きな理由としては，回答してくれる行政に対して二度もほぼ同様の調査を実施することになるからである。一般の回答者を対象とする社会調査とは異なり，行政機関が回答する場合は，一度回答するにしても大きな労力がかかるため，そのような事態は避けるべきである（コラム4）。そこで行政機関を対象に擬似的にパイロット調査を実施する場合には，筆者らは以下のような現実的な方法をとっている。それは普段から連絡を取り合っているなど，比較的親しい行政職員を対象にパイロット調査を依頼するというものである。政策担当者に直接連絡を取れる場合などは，その伝手をたどるのが良い。

この場合，数も非常に限られているため厳密には様々な問題を含んでいることは念頭に置いておかなければいけない。一方で，調査を実施するにあたって，質問文における単語の用い方や，回答の選択肢の設定の仕方などの形式的な問題に加えて，実際に日常的に業務を実施している観点から様々なコメントをもらえるということがとても大きい。この点に関しては，外部の研究者がどれだけ事前に情報収集を行っても得ることが困難な情報である。また，調査自体をより実態に即したものに改善することが可能になる。

自治体を対象に調査を実施する場合には，当然，パイロット調査の対象も自治体ということになる。一つか二つで十分であるので，協力を得られる自治体を見つけたい。伝手が無い場合には，調査者自身が居住している自治体に問い合わせてみると良いだろう。住民の依頼を無下に断るような自治体はそうそうない。

協力を得られそうな自治体を見つけたら，その自治体に対して，実施しようと考えている調査を実際に行ってみる。この際に，たとえばアンケート調査であれば，アンケート調査の調査票を送信して回答を依頼するだけではなく，インタビュー調査も実施すると，それだけパイロット調査の精度が高まる。調査票をお互いに見ながら検討ができると，より適切な調査票作りにもつながる。

パイロット調査を行うのは，本調査で行う調査に問題がないのかを確認するためである。アンケート調査であれば，その質問内容が回答可能なものなのかどうか，疑義はないのかといったことを確認する。この作業を経ずにアンケート調査やインタビュー調査を実施すると，およそ想定しない回答が返ってきたり，あるいは回答不能として何も回答してもらえなかったりするといったことが起こる。

パイロット調査では，「行政職員としては，このような質問の仕方をされると回答しにくい」「もう少し限定的に尋ねてくれると回答しやすい」「このような言い回しは誤解を招く」「その選択肢は選ばれることはない」などといった意見を得ることができる。

パイロット調査で確認したい事項は以下のとおりとなる。他にも各自の研究テーマによっても追加すべき項目が変わってくる。適宜必要な項目を考えてみてほしい。

・質問文の中の言い回しや用語などが自治体職員に伝わるものなのか
・回答が可能な質問なのか
・選択式の質問について選択肢の設定が適切か
・追加すべき質問はないか
・質問項目や質問文の分量は適切か
・自治体職員として考えた時に，質問してみたい事項はないか

パイロット調査で質問項目を確認した後に，本調査を設計する。すでにパイロット調査の時点で，質問票などは完成に近いものとしておく必要があるが，パイロット調査で得られた知見を活かしつつ，本調査の設計を行うこととする。

調査項目の設定や質問文の作成方法については，先行研究や先行調査を参考にしながら進めれば良い。ただ，公表されている先行調査の結果において，調査票が完全なかたちで公開されているわけでもない。質問数や質問文本文を確認の上で，質問項目を設定したい。

3.4　連絡リストの作成

調査実施時には，まず調査対象に依頼の連絡を行う。その後のやりとりでも，その連絡先を使用することになるため，連絡リストを丁寧に作りこんでおくことが，調査の各フェーズで常に重要な事柄になってくる。連絡リストを丁寧に作り込んでおけば，報告書執筆時等にそのリストをそのまま利用することも可能である。連絡先の特定時に優先すべき事項は，表３－３の順となる。

①担当部署の連絡先の探索方法

理想は担当職員の連絡先を入手することである。ただし，自治体のウェブサイト上に担当者の個別アドレスが記載されていることはまずなく，すぐに担当職員の連絡先が判明することはまずないと考えた方が良い。まずは，担当課の連絡先の特定を目指して探索を行うことが現実的である。

表 3 - 3　連絡先の優先順位

優先順位	連絡先	コメント
1	担当職員	もっとも確実。
2	担当課	現実的な連絡先。
3	局や部	「担当課」が入手できない場合。掲載されていることはあまり多くない。
4	代表（連絡フォーム）	最終手段。代表の連絡先が掲載されていない自治体はまず存在しない（都・市の場合）。

最初に行うのは，当該自治体のウェブサイトへアクセスし，調査対象となる政策の担当課を探すことである。担当課のページを発見できたら，そのページに担当課の連絡先があるのかを確認する。そこにメールアドレスがあれば記録する。ここで，担当課への問い合わせフォームが設置されている可能性もある。問い合わせフォームがあれば，それを通して連絡を取ることが可能であるが，理想はメールアドレスの把握である。というのも，問い合わせフォームでは，文字制限や文字数制限があるため，依頼が容易に行えないことがあるからである。担当課のページが発見できない場合やページがあっても連絡先がない場合には，次に自治体ウェブサイトに連絡先一覧がないかを確認する。図 3 - 5 は，広島市の事例である。このように各担当課の連絡先一覧が掲載されていることがある。

上記の方法で連絡先が見つからない場合は，当該自治体の代表連絡先宛てに依頼を送ることになる。代表連絡先は，必ず各自治体のウェブサイトのどこかに掲載されている[3)]。たとえば，当該自治体の所在地・連絡先のページがある。代表連絡先もメールアドレスの場合と問い合わせフォームの場合がある。

代表連絡先のメールアドレスが分かった場合には，「○○@××」というアドレスが判明することになる。その時には，「@××」でウェブ検索をする。この方法により，当該自治体の各部局のアドレスが入手できる可能性がある。

---

3)　自治体における連絡先メールアドレスの公開状況について，全47都道府県と全792市の事例調査を行ったものとして，以下を参照。本田正美，中野邦彦（2020），自治体における連絡先メールアドレスの公開状況，第16回 情報システム学会全国大会・研究発表大会論文集，A5，pp.1-4。

図3-5　組織から探す（メールアドレスが乗っている場合）　広島市ウェブサイト（https://www.city.hiroshima.lg.jp/soshiki/）

また，取り組みやプロジェクトの多くは規約を公開している。一見ウェブページ上には連絡先が公開されていなくても，規約の文章中や規約違反行為の通報先ということで担当部署の連絡先が記載されていることは多い（図3-6）。そのため，連絡先が見つからない場合でも，最低限規約の文章だけは確認しておこう。

②代表（問い合わせフォーム）を用いた連絡方法

問い合わせフォームを利用した連絡時には，送信内容を記録しておく必要が

第7条（利用規約違反への対応）

本規約に違反するような行為等を発見された場合には、ajc@city.amami.lg.jpまでご連絡ください。

図3-6　奄美市オープンデータサイト利用規約　(https://odcs.bodik.jp/462225/tos/)

ある。一部の自治体では，問い合わせフォームを使うと自動返信で内容の確認メールが来るが，問い合わせ時点では，確認メールが送られるかどうかは不明である。そのため，送信日時と，送った文面くらいは最低限保存しておこう(図3-7)。

次に，問い合わせフォームを用いる時の注意点として，入力字数制限がある。ほとんど全ての自治体において，入力フォーマットには字数制限が設けられている。少ないところでは100字程度のところから，多いところでは2000字程度の自治体まである。2000字程度の字数制限であればなんとか説明を行うことが可能であるが，100字や200字程度では概要を説明することすら困難になることが多い。そのため，問い合わせフォームでの依頼を行う場合は，通常の依頼文より短い文章を事前に用意しておくと良い。字数制限は自治体によって異なるため，依頼文の文字数については複数パターン準備しておく必要がある。

特に短い文字制限の自治体については，場合によっては複数回に分けて送信することも検討すると良い。そのような場合には，標題などに通し番号を入れた上で，時間を空けずに入力を終え，連続しての問い合わせになるように注意する。

なお，たとえばパイロット調査を実施している場合，その調査先の連絡先は入手済である。その他に何らかの契機で行政職員の連絡先を把握していることもあるだろう。たとえば，ある市の職員の連絡先を把握していて，その市の別の部署に連絡を取りたいときには，一度連絡先を把握している方に取次ぎを依頼してみるのも良い。その場合には，調査の概要を伝えた上で，連絡を取りたいので取次ぎをお願いしたいと伝えよう。

依頼時に送信した先のアドレスと応答時のアドレスが異なることもあるので注意が必要である。特に複数の自治体とやりとりをしていると，アドレスが似ているところもあるために，応答で混乱することがある。どの依頼先がどのア

オープンデータに関するご要望・ご質問など

札幌市では、「こんなデータがほしい」といった、オープンデータ公開のご要望を下記のフォームより受け付けております。

頂いたご要望については、今後のデータ公開拡大に向けた検討のご参考とさせていただきます。

また、そのほか、ご質問やご提案、既に公開されているデータの改善のご要望などもお気軽にお問合せください。

- 回答を希望する方は、連絡先（電話番号またはメールアドレス）と氏名を必ず明記してください。
  ※ご入力いただいた氏名等については、札幌市個人情報保護条例等に基づき適正に取扱います。
- 特定の個人や団体を誹謗・中傷するもの、趣旨が不明確なものについてはお答えできません。
- 文字化け防止のため、入力の際は500文字程度で改行してください。
- データの登録までに時間がかかりますので、「送信」ボタンを複数回押さないようにご注意ください。

入力欄

お問合せ内容（必須）	
氏名	
ふりがな	
メールアドレス	
電話番号	

送信確認　リセット

このページについてのお問い合わせ

札幌市まちづくり政策局政策企画部ICT戦略推進担当
〒060-8611 札幌市中央区北1条西2丁目 札幌市役所本庁舎5階
電話番号：011-211-2136
ファクス番号：011-218-5109

お問い合わせフォーム

図3-7　札幌市ウェブサイト　（https://www.city.sapporo.jp/shisei/seisaku/opendata/contact_form.html）

ドレスから発信してきているのか。常に確認をしながら依頼作業を進めるようにする。

以下，依頼から終了までの工程管理について簡単に紹介しておく。

調査票の送付時点

送付状況および，回答の有無を記録することになる。この際に，回答の有無だけでなく，「返信のみ」，「内部で手続き中」，「回答あり」など細かにステータスを設けておくとあとあと管理がしやすい。また，ステータスに関しては，「回答あり」の場合はそのままで良いが，「返信のみ」，「内部で手続き中」に関しては，返信のあった日付なども記入しておいた方が良いだろう。

リマインドの管理

回答が確認できなかったものに対して，リマインドメールを送っていくことになる。リマインドを送る目安としては，1回目は，2週間程度が経過した時点で送る。2回目に関しては，間隔を短くして1週間程度で送るのが好ましいだろう。

連絡状況管理表について

連絡状況管理表は，表3-4のとおりに整形しておくと，各場面で作業が容易となる。必要な情報やデータを分かりやすく。これに尽きる。複数主体による調査であれば，この連絡状況管理表を共有することになるため，誰が見ても誤解の生じないような分かりやすさが求められる。この表の使い方に関しては，第5章で詳しく述べる。

以下，表3-4に関して，必要と思われる点についての説明の追加を行う。「ID」については，回答を識別するために付す番号である。「自治体名」は，調査依頼を実際に行った自治体名を記入する。「連絡先」については，調査依頼を行った際の連絡先を記しておく。たとえば，メールアドレスを特定できた場合にはそのアドレスを，問い合わせフォーマットから連絡を行った場合は問

表3-4　連絡状況管理表のサンプル

ID	自治体名	連絡先	返信有無	回答日	最終回答日	待ち理由	再送	再送2	コメント
1									
2									

表3－5　連絡状況に関する詳細

項　目	説　明
返信有無	ここには依頼を行った先の自治体の現在の対応状況を記しておく。たとえば「済」となっているものは回答済み，「待ち」となっているものは，返信はもらったが，調査への回答がまだのもの，「拒否」となっているものは，調査への協力を拒否されたもの，「返信なし」となっているものは一切連絡が取れていないものを表している。
回答日	ここには「返信有無」に記入している状態となった日付を記入している。そのため，「返信なし」のものに関してはここには記入されていない。
最終回答日	回答を得られた日付を記入する。
待ち理由	ここでいう「待ち」とは，何かしらの返信があったものの，回答には至っていない状況を指している。どのような原因で「待ち」になっているかについてコメントを付しておく。「内部での回答を取りまとめている」という軽めのものから，「議会対応」など重めのものまである。
再送	一定の期日までに連絡や回答がなかった自治体に対しては再度，調査への協力依頼を行うことになる。最低2回は行った方が良い。
コメント	特に注意すべきことなどをコメントとして残しておく。複数人で依頼出しを行っているような場合には重要。

い合わせフォームのアドレスなどを記載しておこう。その他の項目については，表3－5において説明する。

受　理

アンケートであれば結果の送信，インタビューであれば実施の受諾について，その日時を記録しておく。この日時の記録自体には大きな意味はないが，工程管理上は各ステータスを明確にしておく必要があるために，忘れずに行いたい。

アンケート・インタビューいずれの場合でも，この受理の段階でお礼の送信を行う必要があり，これも忘れずに行いたい。

終了時の報告

インタビューであれば，その実施後にあらためてお礼を行う。さらに，調査全体が完了した後には，あらためてのお礼と場合によっては調査結果報告書を送信する。

3.5 まとめ

本章では，第2章で行った調査構想ができ上がったのちに，実際に調査計画をどのように立ち上げていくのかについてまとめてきた。

3.1では，関連情報の探索の際に必要となる様々な方法，特に行政に関連する情報収集についてまとめている。行政が行っている取り組み等について現状を把握する上で有用と思われる情報を収集する際に役立つものとなっている。

3.2では，先行研究の探索を行うに当たって，特に行政を対象とした研究を実施する際に参考となる情報を中心にまとめている。ここでは主に学術的な先行研究に関する探索だけではなく，実態に即した情報や報告書から情報収集をする方法についても言及している。論文や書籍を用いた先行研究の探索に加えて，新聞記事や政府の報告書の調査方法について紹介した。また，民間のシンクタンク等が実施している府省による委託調査の実態および活用についてまとめた。

3.3では，本調査の前に実施するパイロット調査を実施する際に，特に行政を対象に調査を実施する時に必要とされることに焦点を当ててまとめている。

3.4では，調査実施時に調査対象者に依頼の連絡をする際にどのようにして行うかについてまとめた。特に行政を対象に調査を実施する際には担当の連絡先の特定を行うのは困難であり，しっかりとした手順を踏んだ上で適切な連絡先に依頼を行うことが重要である。ここでは，まず，どのように調査依頼先を特定するのかについて説明した。その上で，調査依頼の実施および，それらを管理する手順や方法について紹介している。

表3-6　第3章のまとめ

節番号	節タイトル	内　容
1	関連情報の探索	先行研究の収集やそれに先立つ事前調査を重視しよう。
2	先行調査の探索	学術論文に限らず，各省庁の出してる白書や，新聞記事，報告書等についても参考にしよう。
3	パイロット調査	大規模なパイロット調査の実施にこだ割らず，規模は小さくとも行政の職員の方々の意見を反映させるようにしよう。
4	連絡リストの作成	調査協力への依頼を行うにあたっては，連絡先の選定を行った上で，連絡リストをしっかりと作り込むことを徹底しよう。

コラム３　議事機関に対する調査とは？

元北海道栗山町議会事務局
中尾修

質問１　議事機関（議会事務局）への調査依頼はどの程度あるのか？（研究者，他自治体，他の議会，新聞社などから，どの程度，調査依頼があるのか）

調査依頼はあまりなかった。2006年に栗山町議会が全国初の議会基本条例を制定して以降は，最盛期で毎月１件年間10件程度の依頼があった。その際に依頼があったのはマスコミや大学の研究者からであった。

三議長会（全国都道府県議会議長会，全国市議会議長会，全国町村議会議長会）からは毎年定例の調査依頼がある。議会基本条例の制定と前後して，市民と議員の条例づくり交流会議による調査と早稲田大学マニフェスト研究所による調査が行われるようになり，それらの調査は現在も継続して行われている。

議会を対象とした調査はあまり多くないというのが実情だと思う。

質問２　議会事務局に調査依頼があった際，どのような事務処理の流れとなるのか？

調査依頼があったことを議長に報告し，回答の方針について議長の判断を仰ぐ。回答をするとなった場合には，その方針に従い事務局が回答案を作成し，議長に報告する。議長は回答案を確定させ，それを議会運営委員会に諮る。議会運営委員会で承諾が得られれば，それを成案として回答を行う。

なお，栗山町議会では議会運営委員会に諮っていたが，他の議会ではこの手続きを踏んでいない可能性がある。ただ，議会として回答を行うということを考えると，議会運営委員会を介して議員の了承を得るという手続きが必要という判断が下されるように思う。

質問 3　調査に対する応答に必要とする日数はどの程度か？（たとえば，回答期限はどの程度であれば無理なく対応できるのか）

必要な日数は議会運営委員会の開催予定によるところが大きい。議会運営委員会は概ね1箇月に1回は開催されるので，1箇月程度と言うのが回答に要する標準的な日数となる。議会の議事日程にもよるが，短い回答期限を設定されると，回答できないという返答をせざるを得なくなる。

質問 4　調査依頼を受けた際に，議員（議長）とはどのような調整を行うのか？

議会事務局は議長とやりとりをするのが基本であり，個別の議員と回答の内容について調整するようなことはない。調査依頼があったとき，毎年定例で行われているような調査であれば，質問項目の前年との異同を議会事務局がまとめた上で，議長に報告する。回答案については，ある程度は議会事務局がまとめて議長と調整を行う。個別の議員については，議会運営委員会に回答が諮られることで，調査の回答にも関わることになる。

質問 5　執行機関側に調査を振ることはあるのか？（調査者の無理解で，議事機関ではなく執行機関が回答すべき項目があった場合等）

実際に，調査依頼の中には，執行機関側でないと回答できない質問があるということがあった。そのような質問項目をどのように扱うのかは各議会で判断が分かれると思う。

必要であると判断されれば，当該質問項目のみを抜き出して，執行機関側に照会することも行われる。執行機関に照会を行ったことは，議会運営委員会で報告される。

質問 6　議会事務局が自ら調査を実施することはどの程度あるのか？

情報収集を行うことはあるが，議会事務局名で調査を実施するようなことは基本的にない。議会や委員会からの発議で調査が行われることはあり，そのような場合には議会事務局が作業を担う。

質問 7　受けて困る調査依頼とは？

議員個人の資質や議員個人の不祥事などに関する調査依頼があるが，そのような調査は受けにくい。その他にも，法律の解釈など議会として回答しにくい事項についての調査依頼も受けにくい。

地方議会に関する基本的な事項を調べずに質問をされるのも困る。ただ，実際にそのような調査依頼があったのも事実である。議会のウェブサイトに掲載されている事柄について質問されることもあり，そのような場合に回答に困ることはないが，わざわざ回答する手間を要するゆえに困ると言える。

質問 8　受けやすい調査依頼とは？

議会として情報の公開を行っているような事項に関連する調査は回答をしやすい。また，よく事前調査がなされた上で行ったと思われる調査依頼であれば，それだけ回答もしやすく，その依頼も受けやすくなる。

質問 9　議事機関を対象にした調査について，実施の際のアドバイス（こうすると受けてもらいやすいなどの工夫）

調査依頼にはできるだけ応えるというのが基本だと思うが，「応答しよう」と担当職員でも強く思うような調査や質問を行うと良いと考える。具体的には，調査や質問の意図が明確で，なおかつ，そこに調査者の思いなり哲学なりが込められていることが担当職員に伝わってくるということが重要である。

逆に，地方自治制度について基本的な事項も確認せずに，議会に関係のないような事項まで質問されたりすると，回答しようという動機も弱まり，非回答という対応につながることにもなる。

第4章　調査協力のアポイントの取り方のコツ

本章では，本書で最も力点を置いている調査協力の取り方について説明する。ここでは，4.1から4.3として，アポイントメントの取り方，リマインドの方法，それでも協力が得られない場合の対処法について，筆者らのノウハウを惜しみなくすべて公開する。

一通りのアポイント取得に関する方法を説明した後で，4.4として様々な調査協力依頼の方法として裏技的な協力依頼の方法について紹介する。最後に，4.5としてウィズ・ポストコロナ時代における行政を対象とした調査の現状と今後のあり方に関する知見を述べる。

4.1　アポイントの取り方

まず最初に，一般論として調査依頼を行う方法についてまとめる。行政などを調査対象として考える場合には，①担当部署の連絡先の特定，②調査依頼のタイミング，③調査依頼メールの送信の3点についてアポイントメントを取る方法を考えていくべきである。また調査手法によっても多少異なるので，詳細については第5章，第6章において詳しくまとめる。

①担当部署の確認

まず最初にすべきことは担当部署を特定することである。前述の通り，何かしらのプロジェクトや実証実験に参加した全ての自治体を対象とする際には，連絡先の一覧などがある場合が多いのでそのリストを使うことで問題ない。一方で，何かしらの基準に基づき自ら調査対象を設定する場合には，担当部署の特定から行わなければならない。意外と軽く見がちだが，この作業は非常に大事になってくる。

たとえば，ロクに調べないで自治体の代表アドレスに調査依頼を出したり，なんとなくでそれっぽい担当部署に連絡を出してしまっているという事例を多く目にしてきた。前者の場合には，よほど丁寧な自治体でない限りわざわざ担当部署に回してくれるということは少ないだろう。もちろん，問い合わせを無下に扱うところばかりではないが，受け取った相手がこちらの想定する担当部署に取り次いでくれるかどうかは分からない。いわゆる，「たらい回し」に遭うこともあるだろう。後者の場合は「関係ない」と思われて無視されるか，「そのような施策は担当していない」という返答をされることになる。

最初の一歩で，少しの手間を惜しんだばかりに調査拒否の可能性を高めてしまうようなことは絶対に避けるべきである。

また，いくら丁寧に担当部署を調べたところで連絡先が自治体の代表連絡先しか掲載されていないということもよくある。このような場合は，役所の代表の連絡先（図４-１）や，問い合わせフォーマット（図４-２）を使っての問い合わせを行う必要がある。そのような場合でも，問い合わせフォームに記入する文面を工夫し，こちらが想定している担当部署に取り次いでもらいやすくする気遣いが必要だ。一方で，これらのように連絡先を意図的に公表していない自治体においては，問い合わせフォームや，代表アドレスに連絡をすることで，担当の職員の方が内容から判断して相応しい部署へと取り次いでくれることが多い。

他にも，上級者のテクニックとしては知人を介して調査依頼を行っていくという方法もある。特に同じような取り組みをしている自治体の場合，横のつながりも考えられるので，親しい人がいる場合には，その人経由で紹介をしてもらうという方法もある。

また，スノーボール方式といって，最初に受諾して下さった方に，次の依頼先を紹介していただくというやり方もある。担当者同士の横のつながりが見込めるようであれば，この方法も有望となる。このスノーボール方式を採用した場合，どこかの時点ですでに紹介していただいた相手を紹介されるようになる。このように次に依頼する先が繰り返しとなるような時点で，それがインタビュー調査における理論的飽和に達した可能性がある。どの程度，インタビュー調

図4－1　代表アドレス宛に依頼を行った際の自治体の対応例

中野邦彦様
お世話になっております。
＊＊＊＊＊市でWEBお問い合わせ担当をしております
＊＊と申します。よろしくお願いいたします。
アンケートの依頼につきまして，担当部署へ引き継いでおりますので，
期限までに回答があるかと思います。
調査・研究等，何かと大変かと思いますが，充実した成果がありますことを
祈念いたします。
今後ともよろしくお願いいたします。

査の対象を広げるべきか，開始時点で明らかではない場合には，このスノーボール方式は適切な手法となる。

②調査依頼のタイミング

調査依頼を行う時期については十分注意を払おう。特に行政側の業務が多忙な時期に関しては調査依頼を行うことを避けるべきである。一般論として，議会の開催時期は避けるべきだろう。必ずしも全国同じ日程ではないが，２月，６月，９月，12月には定例会が入っており，最低限この時期を避けて依頼をする方が良いだろう。他にも，地域独自の大きなイベントの開催期間や災害等が発生した時期も対応してもらえない可能性が高いので避けるべきであろう。図４－３に，千葉市市議会における年間スケジュールを示す。調査スケジュールを立てる際の参考にしてほしい。おおよそ，ここで示している時期で実施している自治体が多いが，一部自治体においては特殊なスケジュールで開催されているところもあるので，事前に確認しておく必要がある。

なお，一般的には行政を対象とした調査と言う場合には，執行機関を対象に調査を行うことになるが，議事機関である議会を対象とした調査を実施することも，行政研究や地域研究においては想定されうる。議事機関を対象とした調査を実施する場合には，当該議会の議長および全議員からの承諾や確認を得る必要がある。このとき，議会の会期中でないと，その対応が困難であるという事情があるようである（詳しくは，コラム３を参照）。

調査時期を考えるだけで，調査の協力の得やすさは変動する。それゆえに，

図 4－2　問い合わせフォーマットの例（弘前市）
（https://www.city.hirosaki.aomori.jp/jouhou/toiawase.html）

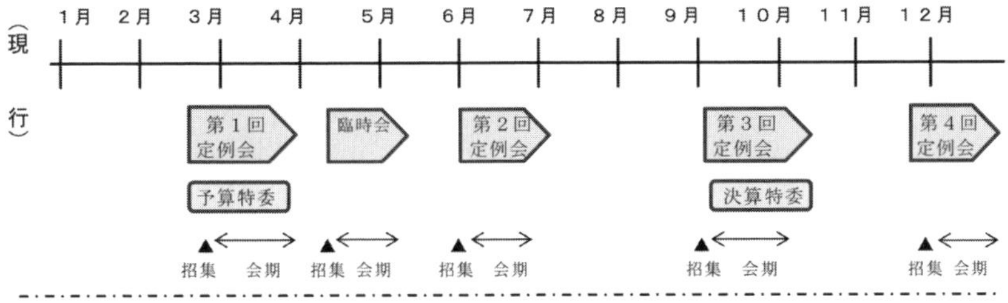

図４－３　千葉市市議会ウェブサイト（https://www.city.chiba.jp/shigikai/documents/suisin251010-4.pdf）

調査する事項について十分な確認を行った上で，調査事項が執行機関に関わるものであれば，議会の会期中などの繁忙期は避け，逆に議事機関に関わるものであれば会期中に合わせて，その依頼を行うように心がけたい。

芽室町議会のように一部の自治体では，各月ごとの議会スケジュールをウェブ上に公開している自治体も存在するので，インタビュー調査などの依頼を行う際は特によく確認するように気をつけよう（図４－４）。

また，多くの人事異動がある４月もできれば避けたいところだ。４月以外にも７月のように中央府省の人事に合わせて，自治体側の人事異動があることもあるので，この点には注意を払う必要がある。特に先進的事例の場合，責任者や担当者が中央府省からの出向者であるということもある。いざインタビュー調査を実施しようとしたら，「担当者は先月総務省に戻りましたので，現在の担当者はあまり詳しくお答えすることができませんが，それでもよろしいでしょうか」という返答を受け取ることもある。人事異動の時期が近ければ，早めの依頼か少し時間を置いての依頼を検討したい。

さらに，部署によっては年間の一時期が特に繁忙となるというところもある。部署によって，その時期には相違がある。そのため，調査対象となる部署を特定した際に，その部署の業務についてあらかじめ調査を行い，どの時期が繁忙期にあたるのか，事前の確認を行いたい。

また，これは例外的事態ではあるが，国政選挙が実施される際，特に衆議院議員選挙が実施される際には日程が急遽決定され，自治体をあげての対応を取ることになり，普段は必ずしも選挙業務に関わっていない部署も応援に入るこ

スケジュール schedule

›イベント情報一覧を表示

本会議の予定　委員会の予定　協議会の予定　イベント等の情報

‹ 前の月を表示　2020年10月　次の月を表示 ›

日	月	火	水	木	金	土
				1日	2日 第14回議会運営委員会	3日
4日	5日	6日 第15回議会運営委員会	7日	8日	9日 第12回厚生文教常任委員会	10日
11日	12日	13日 10月臨時会議 第7回全員協議会 第16回総務経済常任委員会 オンライン視察対応（下川町議会）	14日	15日	16日	17日
18日	19日	20日	21日	22日 第17回総務経済常任委員会 白樺学園高校との連携協定事業（議会体験）	23日 白樺学園高校との連携協定事業（議会体験）	24日
25日	26日 白樺学園高校との連携協定事業（議会体験）	27日 第18回総務経済常任委員会 第16回議会運営委員会 白樺学園高校との連携協定事業（議会体験）	28日	29日	30日 第13回厚生文教常任委員会	31日

図 4-4　芽室町議会ウェブサイト（http://mgikai.memuro.net/gikai.htm）

とがあるので注意が必要だ。さらに，新型コロナウイルス感染症対策で，国からの助成金配布事業を自治体が受け持つことになったが，このような際にも，外部から見えると無関係に見える部署の職員が事務の応援にあたっていることも少なくない。急遽の国の事業への協力は例外的な事態であり，事前の予測は困難であるが，国の動きや当該自治体の動き（その自治体での地方選挙が実施されるという事態も）を見定めて，適切な時期に調査依頼を行いたい。

調査はできるだけ早く開始すべきではあるが，少しだけ依頼の時期を変えるだけで調査の進行が容易になったり困難になったりすることは心にとめておきたい。

③調査依頼の方法

次に考えるべきことは，調査依頼の方法についてである。①で担当部署の情報を調べた際に入手した連絡先の情報をもとに依頼を行っていくことになる。調査依頼を行う際には，電話，郵便，メールなどの方法が考えられる。これらに関しては社会調査の参考書を見ると，2000年より以前に出版されたものでは，電話や郵便を推奨するものが多く，近年でも電話を優先すべきという意見もある。本書では，以下の理由によりメールでのアポイントメントを取ることを勧める。

まず第一に，文書という形で記録が残る点である。このことにより，担当者が調査を受けるかどうかを上司に相談する際にも，メールのプリントアウトを提出することができるので，担当者の事務的な負担が軽くなる。また，電話で依頼を行う際には，担当者が不在であったり，忙しいなどの理由で話を聞いてもらえない可能性が高い。一方，メールでの依頼の場合にはこのような点も解消される。さらに，インタビュー調査の場合には，事前に質問事項を一定程度伝えることが可能で，質問に対する準備を行ってもらうことができることから，より有益なインタビュー調査につながることにもなる。

メールは調査実施側にも送受信の記録が残るので，後に何らかの確認を行いたいときに都合が良い。特に調査実施にあたって複数の人物が関わる場合に，メールでの情報共有は何かと都合が良い。この点で，郵便や電話による依頼は記録管理上でメールに劣る手段となる。

第二に数の問題である。調査対象が特定の一つの自治体やせいぜい10件程度までであれば電話で依頼を行うことも可能かもしれない。しかし，これが数十件や，ましてや100件ともなってくると現実的ではなくなってくることは容易に想像できるだろう。メール送信のツールを利用すれば，一斉に調査対象にメール送信を行うことが可能で，事務効率も高い。

第三に，相手先の業務を妨げないためである。もし依頼の電話を行うとすると，当然にその電話は相手先にとっては不意にかかってくるものとなる。行政を対象にするのか否かに関わらず，相手先が何らかの業務を行っている人物であることが確定的であるのであれば，電話をかけるとなると，それは業務時間内ということになる。そして，業務時間内であれば，何らかの作業の最中であることも当然に想定され，電話がかかってくれば，その作業を止めてしまい業務を妨げることにもなるのだ。

特に忙しい業務の最中に調査依頼の電話を受け取って，快く依頼を受諾しようと思う人はそう多くないだろう。できるだけ依頼を受けてもらいやすくするために，相手先の都合で受信内容を確認することができるメールは好適であると言える。

一部の自治体では，電話やメールを受けたとき，その対応にどの程度の時間をかけるのか目標を設定しているところもある。そのようなところでは，応答すること自体に負荷が生じていることを調査者としては心したいところだ。

4.2 リマインドの方法

調査依頼を送った場合の反応としては，「承諾」，「拒否」，「返信なし」の3パターンがある。これら3つのパターンについて，以下で説明をしていく。

①「承諾」

この場合はなんの問題もないので，引き続き失礼のないように進めればよい。

なお，承諾の場合であっても，積極的な承諾から消極的な承諾まで濃淡がありうることには注意を払いたい。失礼のないように，その後のやりとりを進めれば問題はないが，承諾されたからと言って何でも無理が利くと勘違いするようなことだけは絶対に避けなければならない。

対応が必要となるのは，「拒否」と「返信なし」についてである。以下では，それぞれの場合について取るべき対応についてまとめる。

②「拒否」

これに関しては，返信の内容によっては一歩踏み込んでみるのも悪くない。「業務多忙により対応不可」や，「組織の方針として外部の調査には協力しない」などの返信がきた場合はおそらくほとんど可能性がないので，その時点で切り上げてしまうのが良いだろう（図4－5）。

また，問い合わせフォームなどから依頼を行った場合は，市としての公式な回答という形で文章が届く場合もある（図4－6）。

ただし，「業務多忙により対応不可」の場合は，その時点では対応不可とい

図4－5　回答拒否の文例①（メールでの返信の場合）

島根大学 中野邦彦様 いつもお世話になっております。 ＊＊＊市情報政策課の＊＊＊＊と申します。 標記の件について，ご連絡が遅くなり申し訳ございません。 本市におきましては，アンケート調査へのご協力は致しかねますのでご理解いただきますようよろしくお願いいたします。

図4－6　回答拒否の文例②（問い合わせフォームの場合）

＊＊総第＊＊＊号 令和＊年＊＊月＊＊日 中野　邦彦　様 ＊＊＊市 ＊＊＊課長 お問合せいただいた内容について，次のとおりお答えします。 ●「オープンデータアンケート調査への協力依頼」について オープンデータアンケート調査への協力につきまして，大変申し訳ありませんが，＊＊＊＊＊＊＊＊のため回答は辞退させていただきます。 よろしくお願いいたします。 お問合せ先 ＊＊市 担当　＊＊ 電話

うことで，回答期限の延長等を提案することで対応してもらえることが多い。調査期間がある程度取れる場合には，あらためての依頼が可能かどうかの確認を行うことも検討したい。特に，「その時期は議会開催中で，議会対応があるために，業務多忙となるため対応不可」というように，多忙となる理由が明示されている場合には，その時期を外しての依頼を検討したい。

一方で，「回答できるほど大した取り組みをしていないから」，「始めたばっかりで役に立たない」などの場合は，気を使ってもらっているためにこれらの回答となっていることが十分に考えられる。このような場合には，もう一度丁寧に調査の意義を説明したり，該当する自治体の具体的な事例について触れて「○○○○なところについて興味を持っている」などと伝えることで多くの場合は調査に協力してもらうことができる。そのため，これらの回答が届いた場合にはすぐに諦めずにもう一度連絡するようにしよう。

場合によっては，正式な拒否の返答をされる前に，電話でこちらに問い合わせがあるケースもある。そのような場合には，できる限り丁寧に調査の意図を伝え，協力の依頼を行うことが大切である。当初は拒否するつもりで丁寧に電話での問い合わせを下さったというケースで，実際に話をするうちに，承諾するという方針転換をして下さったことも筆者は経験している。

③「返信なし」

一番厄介なのがこのカテゴリーである。もちろん最初にすべきことは，リマインドのメールや調査依頼の再送という対応である。

ただし，リマインド送信を送るのは難しい。依頼送信後に１週間程度返信がない場合，受諾するために組織内で決裁を行っているという可能性があるからだ。手続きを進めているのに，リマインドを受け取るというのは，あまり気持ちの良いものではない。

特に，役所の問い合わせフォームを利用した依頼の場合，そもそも担当部署や担当者に届くまでに時間を要することもある。１週間経過を目途に，リマインドを検討するのが妥当なところだろう。

実際，初回で返信がない場合でも，リマインドメールへの返信率は必ずしも低くない。これまでの調査では，半数以上は返信をもらうことができている。裏返して言うと，１回の依頼で返事がないからと諦めてしまうのは，調査者の怠慢ということになる。このカテゴリーの自治体には，最低でも１回，できれば期間をあけて２回はリマインドメールを送るようにしよう。しかし，何度送っても返信をもらえない自治体が一定数は存在するのも確かである。このような場合にはどれだけ深追いしても色よい返事をもらうことは難しい。

また，リマインドメールを送る際に重要なことはそのメールがリマインドのメールであると一目でわかることである。わかりやすい方法としては，メールのタイトルに「再送」の文字を入れることである。図４-７のように記入する

図4－7　メールのタイトルの記入例

【再送】＊＊＊＊タイトル＊＊＊＊＊＊＊

図4－8　本文への記入例

【再送】１週間ほど前にもフォームより依頼をさせていただきました。本日時点においてご連絡をいただけておらず再度ご連絡をさせていただきました。 お手数をおかけしますが，ご確認よろしくお願いします。回答希望期限を多少過ぎても構いませんので，ご回答いただけると助かります。

だけでも一定の効果はある。

さらに，本文に関しても全く同じ文章の再送ではなく，「再送」であることがわかるように工夫すると良い。図4－8には，筆者らが再送の依頼メールを送る際の文面の例を紹介する。ここでは，本メールが「再送」であることがわかるようにしていることに加えて，再送メールを送る場合は，当初に依頼メールを送った時期から一定期間経過していることを考慮して回答期限の延長などを提案している。

ここで調査者側として課題となるのは，「どうしても，この自治体からは話を伺いたい」と考えるところから色よい返答をいただけない場合である。たとえば，特に先駆的とされる事例の自治体であれば，他の自治体との比較という意味でも，何としても調査を受諾していただきたいところだ。あるテーマについて調査したのに，そのテーマで誰もが知る自治体が対象に入っていないとなると，その調査自体の信憑性すら疑われかねない。あるいは，十分な事前調査を行わないまま，思いつく自治体だけ調査を行ったと思われてしまうこともあるだろう。

先進的な自治体の場合，研究調査に対しては，おおむね好意的な対応を取ってくれるものと考えておいて間違いはないが，先進的過ぎて依頼が集中しているために，「業務多忙により対応不可」という応答になってしまうこともある。あるいは，「そのような質問でしたら，すでに別の調査で回答済ですので，それを参照してください」といった回答がなされることもある。いかに，こちらの調査依頼を受諾してもらうのか。そこで調査者の手腕が問われる。

以下では，返信が得られない場合に，さらに一歩踏み込んだ具体的な対応方法を示す。

電話での直接依頼

4.1で示した通り，本書では，原則メールでの調査依頼を行うことを基本方針としている。しかし，メールだけでは返信を得られない自治体の場合，担当部署の電話番号が掲載されていれば，直接電話で連絡をしてしまうという方法がある。

メールの文面だけでは伝わらないことが電話で伝えることで理解してもらえるということもあるだろう。何よりも，電話に出てしまったという事実があるため，協力するにしろ，しないにしろ，何かしらの返信をもらえる確率は格段に高まる。

代表アドレスへの依頼

これは必ず成功するとは限らないが，担当課ではなく，あえて対象の自治体の代表アドレスに問い合わせるという方法がある。代表アドレスは，いわば自治体の正面玄関であり，そこでの応答は自治体としての正式な応答となる。その応答として，「拒否」という結果は残したくないという心理が働く可能性は大いにありうる。

外部からの問い合わせに対して，どれだけ丁寧に応答したのか，組織として何らかの目標を設定している可能性もある。住民からではないにしても外部からあった調査依頼に対して「拒否した」という実績を残したくないという判断が働けば，組織内部で最低限で良いので応答するように担当課に要請されるということもある。

実際に，筆者は担当課に一度は拒否された調査依頼について，あらためて代表アドレス宛に依頼を送り，承諾を得たことがある。このときには，「担当課に依頼を行ったが，拒否されてしまったので，広報部局など対外的な対応を行っている部局で良いので協力を願いたい」として依頼を行った。その結果，「市としては積極的に外部からの調査依頼を受けることにしている」ということで，担当課の協力を内部で取り付けてくれた。

通常の依頼時には，できるだけ担当課へ直接依頼をする方が良いとは思うが，場合によっては代表アドレス宛に依頼を行い，組織全体での判断を仰いだ方が好都合の時もある。

4.3　協力を得られない場合の対応

どうしても協力が得られない場合もある。そのような場合に，協力を無理強いすることは適切な対応とは言えないが，調査対象から外したくない自治体から協力を得られないということもありうる。

まずは丁寧に調査依頼を行うことを基本として，すでに協力を得られた自治体がある場合には，その数を伝えるなど，協力を得るための働きかけを行いたい。特に，調査依頼の途中段階で，一定程度の回答を得られていた場合はその数字を示して協力を依頼することが，特に自治体が対象の場合は強いアピールポイントになるだろう。図4－9に，筆者らが用いた文例を示しておく。ここでは，その時点での回答率を示している。ここの回答率の数字が高ければ高いほど，協力してくれる確率も高くなるように思われる。

また，これはあまり推奨される方法ではないのかもしれないが，調査結果の公表時に，協力を得られた自治体名と協力を得られなかった自治体名を明記する旨を伝えると，最低限の応答とはなるものの，協力を得られることがある。

その場合，アンケート調査であれば一部回答可能な項目のみの回答であったり，インタビュー調査であれば質問項目への文書回答であったりといった対応になる。結果として，その回答結果から何か知見を得ることにはつながらない可能性もあるが，設定した調査対象からは全て協力を得られたという事実は残る。特に調査対象の悉皆性が問題になるような時に，この事実は重要である。

図4－9　途中時点での回答率を示して催促をする際の文例

現在7割以上の対象自治体の皆様にご協力いただいております。 ○○月××日時点までで回答いただきましたもので取りまとめの報告書を作成致します。

4.4　様々な調査協力依頼の仕方

ここからはどちらかというと上級者向けの方法になるので，初心者の方などはあまり参考にならないかもしれないが，参考のため裏技的な調査協力依頼の方法を記す。なお，以下の方法を用いることは，調査対象の選定に偏りが生じるという理由から好ましいものではないという判断もありうる。全調査対象から何としても協力を得る際に使う最終手段くらいに位置付けておく方が得策だろう。

①自治体内部の知人のコネを活用する。

もし，調査を実施する対象先の自治体に知人がいる場合，そのルートを使わない手はない。特にインタビュー調査などを実施する場合はこの方法は最も確実で非常に有効であると言える。

②自治体内部の知人の知人のコネを活用する。

仮に，自身の知り合いの所属が想定した部署ではなくても，尋ねるだけでも尋ねてみると良い。組織内では，何かしらのつながりがあるものなので，その人が直接の知り合いではなくとも知り合いの知り合い経由で紹介してもらえるということも可能である。しかし，知り合いの知り合い作戦を使うにはよほど気心の知れた人でないとなかなか難しいかも知れない。

③自分の職場等，身近な人のコネを活用する。

何も自治体内部に知人がいないからと言って諦めてしまうのはもったいない。たとえば自身の職場で行政と関連の強そうな知人に頼んでみるという方法もある。この際は誰でも良いというわけではなく，日常的に自分が接していて「マトモ」と感じる人を中心に探してみることをお勧めする。もしくは，大学などの場合，産学官連携の部署などに問い合わせてみても良いかもしれない。

④議員を使う

これは禁断の方法と言えるが，議員にお願いをするという方法もある。この方法を使うと，調査が実現した際に相手先から警戒されることにもなるため，あまりお勧めはしないが，議員経由で担当課に取り次いでもらうと，依頼は断られにくい。むしろ，ほぼ断わられることはないと言って良い。少なくとも，通り一遍のものでも文書回答はしてもらえる。

4.5　コロナ時代の行政を対象とした調査のあり方

2020年の一連のコロナが社会におよぼした変化は，社会のあり方のみならず調査のあり方にも大きな影響を与えることになるだろう。実際に，2020年時点において，感染拡大地域への移動については，調査者の所属組織においても，調査先の組織に対しても大きな負担や不安がかかる状況になりつつある。今後調査を実施するにあたっては，これまで教科書で解説されていた通りの対応だけでは困難になるであろう。

①対面調査のあり方について

コロナへの対策は，特に対面での調査のあり方について，大きな影響を与えることになるだろう。

実際，2020年度に筆者が計画していたインタビュー調査の依頼を自治体に行ったところ，コロナ対策を理由に調査協力を受けられないという回答が複数あった。これらの多くの自治体は，現地でのインタビュー調査協力は難しいが，書面等でよければ対応するという反応であった。このように，2020年から当面の間は，「現地訪問形式でのインタビュー調査」だけでの調査依頼は控えた方が良いだろう。

②調査の依頼について

特に対面型の調査については工夫が必要になってくるだろう。「感染予防」という一つのキーワードを理由に調査協力を断られる可能性が，少なくともここ数年は多くなることが想定される。必ずしも対面での調査にはこだわらない調査提案を常に考える必要が出てくると思われる。

③対　応

実際の調査の方法として一般的に思いつくものは，電話と書面であろう。ここでの優先順位としては，インタビュー調査という方法の性質上，可能な限り電話での対応をお勧めする。どうしても困難な場合に書面での回答という選択肢を提示するようにしよう。

電話での聞き取り調査の実施

たとえば簡単に思いつくものとしては，電話での調査に切り替えることが考えられる。近年では，無料通話サービスが多数誕生してきているが，公共機関を対象とした調査の場合，行政の情報セキュリティの都合上これらを利用した調査依頼を行うことは2021年時点においては困難であるように思われる。

質問票に回答する形での文章での回答

次に考えられる方法としては，文章での回答である。この点に関しては，インタビュー調査という視点から見た場合，だいぶ本質からずれてしまっている感じは否めない。たとえば，インタビュー調査の大きな醍醐味の一つとして調査設計時点において想定もしていなかった回答を聞き出せることがある。実際に対面形式でのインタビュー調査の場合は，ヒアリング時点において，さらなる細かい情報を深掘りすることを通して新たな仮説の生成や，場合によっては論文の論理展開や構成すら変更することに繋がるような事実を聞き出すことが可能である。一方で，文章ベースでのやり取りの場合，このような可能性というのは著しく下がってしまうだろう。仮に興味深い回答があったとしても，再度の回答をお願いすることは，調査協力者に対しても大きな負担になることに加えて，論文の執筆者にとっては，時間という資源を大きく消費してしまうことにも繋がりかねない。

Zoom等の活用

2021年時点での結論から言ってしまうと，インターネットツールの活用はあまり期待しない方が良い。コロナの影響により，Zoom等でコミュニケーションを取ることが一般化した。しかし，行政及び公共機関と対話を行う際には必ずしも適した方法とは言えない可能性が大きい。その大きな理由は，行政内部においてこれらのツールを利用する環境が整っていないという点である。多くの自治体では，セキュリテイ等の観点から個人使いのPCにおいては制限なしにインターネットを利用できない環境となっている。ましてや，ZoomやSkype等のフリーのツールを一般職員が自由に利用できるという状況は期待しない方が良いだろう。

④コネクション活用の重要性

不要不急の活動を控えなければならなかった2020年において，「要で急」なためになんとか実施しなければいけない現地でのインタビュー調査を成立させられた案件の大半は，自身や，知人のコネクションを用いて依頼を行ったものである（調査を受け入れてもらえたもう一つの理由として，調査の実施時期を一定期間ずらしたということも大きいと思う）。

また，実際に訪問した先の自治体を見ても外部からの訪問者に対する感染対策のあり方には，大きな差があったように思われる。感染対策を厳しい基準で実施している自治体においては，庁内の至るところに感染対策の注意喚起のポスター等の掲示や具体的な対応策が施されていた。また，訪問者の人数制限や，他にも社会的な距離を確保するためと思われる大きな机の上に，大きなパネルを作るなど徹底した対策が取られていた。一方で，さほど対策に熱心ではないと思われる自治体も存在しており，注意喚起のポスター等は掲示されているものの，従来通りの長机で，もちろんパネル等も設置されていない（机を挟んだ距離が近すぎるためそもそもパネルを設置できない）自治体まで実に様々であった。

すぐにかつてのように現地でのインタビュー調査が実施できるような状況には戻らないとは思うが，全ての自治体で調査の実施が不可能という事態に陥ることも想定し難く，可能な調査を可能な限り行っていくというのが現実的な対応になるだろう。

4.6 まとめ

第4章では，本書で最も力点を置いている調査協力の取り方について説明している。ここでは，4.1～4.3において，①アポイントメントの取り方，②リマインドの方法，③それでも協力が得られない場合の対処法について説明してきた。この点は，行政を対象に調査を実施する際の最低限のマナーのようなものなので確実に押さえておきたいポイントである。

4.1では，調査協力を取り付けるにあたって①確認すべきこと，②タイミング，③依頼方法についてまとめた。調査の依頼を行う際には重要な点であるが，これらの点を全く考慮せずに実施している研究が多い。調査回答者の状況を踏まえた上で，調査依頼を行うことで回答率は確実に上がる。

4.2，4.3では，調査依頼に対してそもそも返信が得られない場合の対応についてまとめている。

4.4では，調査依頼を行う際の上級者向けのテクニックを紹介している。調査対象者やそれに関連する人を知っている場合には，調査依頼を格段に行いやすくなる。

最後に，4.5では，ポストコロナ時代における調査状況の展望について，昨今の状況も踏まえた上で，今後の調査のあり方について言及している。

本章では，行政調査において調査の妥当性を担保する上で重要である回答率の向上につなげるために必要な戦略を具体的に示した。いずれも実践的な手法であり，ここにまとめられている点をしっかり踏まえることで，行政とのコミュニケーションを円滑に進めることができる。

続く，第5章と第6章では，さらなる実践的な方法について，アンケート調査，インタビュー調査をそれぞれ説明する。

表4-1　第4章のまとめ

節番号	節タイトル	内　容
1	アポイントの取り方	調査協力を取り付けるにあたって①確認すべきこと，②タイミング，③依頼方法についてまとめた。
2	リマインドの方法	様々な状況におけるリマインドの方法についてまとめている。また，どうしても返信がない場合には連絡先を変えるなどの対処法も示している。
3	協力が得られにくい場合の対応	調査協力の取得を上げるための具体的な交渉方法を示している。
4	様々な調査協力依頼の仕方	ある程度の調査経験が豊富な人向けに，裏技的な調査協力の取得方法を示した。
5	コロナ時代の行政を対象とした調査のあり方	コロナに関連して現地での調査が困難になる中，2020年時点における自治体の対応状況と調査者側の対策を記した。

コラム４　自治体職員から見た対応しやすい外部からの依頼調査とは

公益財団法人しまね産業振興財団
しまねソフト研究開発センター
広瀬研一郎

１　コラムの趣旨

私たち自治体の職員は，外部から依頼される調査・照会について，「前向きに協力したい！」と考えています。政策研究・調査を通じた“社会課題の解決”。私は，こうした公益性の高い要請に応えていくことが，自治体職員の基本的な姿勢だと考えています。また，調査への対応を通じて「社会では今どのようなことが求められているのか？」ということを知るきっかけとなり，自治体の政策立案に資するメリットを得ることが可能であるとも考えています。

研究者の方から，「自治体にはアンケート調査になかなか協力してもらえない」，「アンケートの回収率が低い」とお聞きすることがあります。この原因は自治体によって様々だと思いますが，日々対応する数多の調査・照会の処理事案の中へ“結果的に”埋もれてしまったことが主たる原因のひとつであると考えています。「本当は協力したかったんだけど，ちょっと大変そうだったので後回しにして…気が付いたら期限が過ぎていた（忘れていた！）」と，言い訳する過去の日の私の姿が目に浮かんでいます…。

調査の回答が得られなかったことで，調査実施者の方は，せっかく予算を投入して調査したにも関わらずデータを入手することができません。また，自治体としても政策立案に役立つ貴重な情報を得る機会を失っています。大げさに言えば，社会全体で損をしていると言うことができるかもしれません。この状況を少しでも改善するために，自分の経験から何かお伝えできることがあるのではないか？　こうした思いから，本コラム執筆をお引き受けしました。

本コラムでは，島根県職員としての経験を基に，自治体における調査・

照会対応の実態の一例をお伝えするとともに，私なりの「こんな調査だったらいいな！」をご紹介します。私の経験特有な面もあるかもしれませんが，全国には1,700の自治体がありますので，参考になる面もあると信じております。ツッコミどころも多々あろうかと思いますが，本コラムを読者の皆様の一助にしていただけると喜びます（島根の方言では「幸いです」の代わりに「喜びます」を使います）。

2　自治体における調査・照会対応の実態

私は県庁の情報政策部門において，地域情報化の事業を担当する傍ら，調査・照会の窓口となるいわゆる，庶務担当を兼務した経験があります。メールで直接返信するものからアンケート調査票で回答するものまで，調査の種類は様々でした。依頼される調査・照会の概略を表１に示しています。当時，件数については正確なカウントを行っていませんでしたが，毎日のように何らかの調査・照会が届いており，１人では捌くことは難しい事務量であったため，２人で分担し優先順位を付けながら対応していました。部署によって状況は異なりますが，私が着任した当初，こうした調査・照会の処理件数が，思っていたよりもかなり多い印象であったことを覚えています。

部署に調査・照会が届いた後の流れは，図１のとおり，大きく２つあります。

ひとつ目は，回答の内容を判断することができる担当者（以下，担当者

表１　自治体における調査依頼・照会の概略（島根県を例に）

内部からの依頼	各部署の事務（政策）に関して庁内他部署に向けて調査・照会を行うもの。これには予算編成や人事・服務に関すること等が含まれており，自治体を運営するために必要なことを内々で確認し合うもの。内部からの依頼の件数は全体の半数を超える
外部からの依頼	国（情報部門であれば総務省や内閣官房）からの照会・調査が大半。その他，報道機関からの取材や県民の方からの問い合わせ，他都道府県庁からの照会，研究・調査機関から依頼調査。部署の業務内容によって質・量ともに大きく異なる

筆者作成

とする）が単独で対応することが可能なオーソドックスなケースです。大半の調査はこの流れになります。担当者は，調査票の回答案を作成し所属長の決裁を取得後，調査実施者へ回答します。設問数によっては作業に時間を要することもありますが，基本的には普段の業務の中で対応することが十分可能です。

ふたつ目は，回答する担当者が複数にわたるため，再照会・とりまとめのプロセスが必要になるケースです。担当者だけでは判断することができない設問があれば，そこだけを切り出して他の担当者（あるいは他部署，場合によっては県から市町村への再照会もありえます）へ回答を求めることになります。再照会の立案や集約した回答のとりまとめ作業が発生するため，単独で対応するよりも業務負荷が大きくなります。

近年，特に情報政策部門向けの調査・照会において，こうした部署横断

図１　調査・照会への対応の流れ

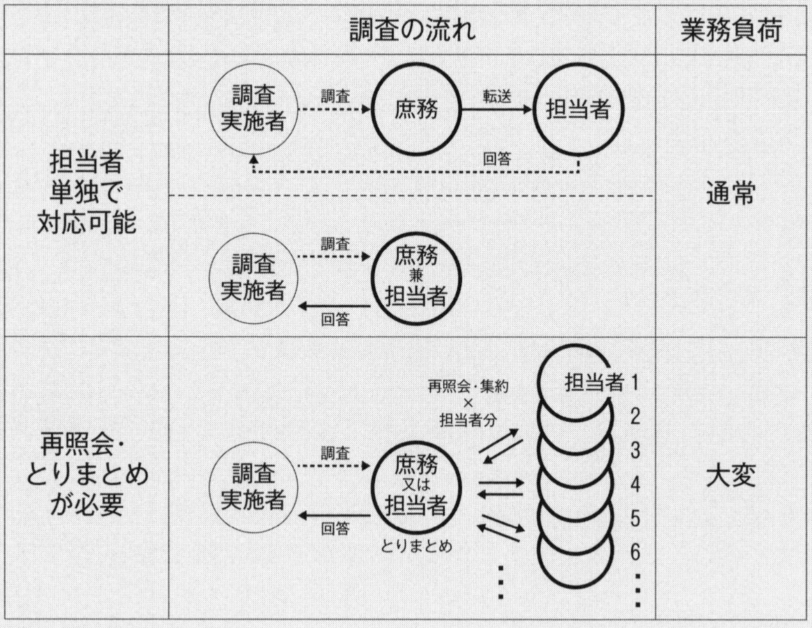

筆者作成

で対応する必要があるタイプの依頼調査が増えています。たとえば，「政策分野別のICT活用状況をお答えください」という設問だとすると，政策分野は医療，環境，防災，インフラ等々と多岐に亘るため，それぞれの所管部署へ再照会して回答を集めることが必要になります。

3　自治体職員から見た対応しやすい依頼調査・照会

「前向きに協力したい！」という思いがある一方で，「大変そう…」と不安を感じて，調査の対応を後回しにしようか悩んでいる…そんな自治体職員像が浮かんできたのではないでしょうか。そこで，「こんな調査なら不安が和らぐかもしれない」と私が感じたことを，３つの視点で整理しました。

回答しやすい調査

「外部からの依頼調査でもっとこうだったら回答しやすいのに，と感じることはありますか？」，「回答しやすい調査はどのようなものですか？」また，「困ったことはありませんでしたか？」と私の同僚に尋ねたところ，以下のような意見が出てきました。

・設問の数が少ない調査票がありがたい。
・自由回答形式ではなく，なるべく選択方式にしてほしい。
・メールのインラインによる回答は，起案もしやすく楽に作業することができた。
・議会開催中は所属長が忙しく，調査回答の決裁を取ることが難しくて大変。
・人事異動時期は，国からの担当者確認等，様々な調査が集中するので混乱する。
・連休前の調査は避けてもらえると嬉しい。
・同じような内容の調査・問い合わせが来て，繰り返し対応する必要があり大変だった。

同僚から聞き取った意見を整理すると，回答のしやすさには，①量，②回答方法，③時期，の３つの視点があるのではないかと感じました。

①量は，アンケートの設問数や調査票のページ数と考えて下さい。依頼を受け最初に調査票に目を通した際に，量が多い（＝作業時間が多くかかる）と感じると，その対応を後回しにしがちになります。感覚的な基準にはなりますが，Ａ４調査票または回答フォームのウェブページで５～６ページを超えてくると「多いなぁ…」と感じるようになります。調査実施者の方にとっては，得ることができる情報の量と回答しやすさ（なるべく少ない設問数であること）はトレードオフになりますが，“いい案配”で設問数を設定すると良いと思います。また，量を可視化する方法として，「回答時間：15分」など回答時間の目安を調査票に明記することも有効かもしれません。

②回答方法は，自由記述形式の回答には“大変さ”を感じるようで，選択形式の設問の方が回答しやすいとのことでした。また，「メールのインラインによる回答は対応しやすい」というコメントがありますが，これは「設問と，自分が作成した回答内容を一覧することが容易であれば，決裁に回す起案が楽に作成することができる」という趣旨であり，確かに現場としてはこうした配慮があると嬉しいだろうなと感じました。

③時期については，自治体の繁忙期である「議会の開催時期」，「人事異動時期（年度末)」を避ける方が回答を得やすいと考えられます。仮に議会中を含む期間で調査を行う場合は，回答期限を長く設定し，期限の直前にはリマインダーの連絡があると回答率が高まると思います。なお，人事異動時期については本当にバタバタ（ある意味混乱）しますので，調査の実施をあまりお勧めできません。

展開しやすい調査

「大変だな」，「面倒だな」と思ってしまうのは，再照会・とりまとめが必要なケースです。「メールを展開して集約するだけでは？」と思われるかもしれませんが，意外と簡単ではありません。

まず，再照会先の抽出がスムーズにいかないケースが想定されます。たとえば，経験が浅い職員が窓口だった場合，どこの所属が何を所掌しているか完全に把握できているわけではありません。この場合，同僚や上司へ相談，過去データの確認，前任者へ連絡等が必要となり，一筋縄ではいかないこともあります。この対策としては，展開先を明示して調査を依頼することが有効だと考えます。たとえば，「この調査は，行政のICT化と防災を担当する部署で回答してください」や「この設問は，民間企業のAI・IoTの実装・導入を支援する事業の担当部署に転送してください」等，調査対象となる取組みや事業について，イメージでも良いので具体的な記載があると，窓口となった職員も展開先を特定しやすく，“展開しやすい”ため，大変助かると思います。

次に，問い合わせ対応が想定されます。再照会のため調査を展開した先から「この設問の趣旨は何ですか？」，「この調査に回答義務はあるんですか？」と，窓口となった職員へ悩ましい電話が掛かってくることがあります。こうした質問には，調査実施者の方にお答えいただく方が良いのではないかと考えます。調査実施者へ確実に問い合わせを誘導することができるよう，「調査目的や質問内容に関する問い合わせはこちらへ→（調査実施者連絡先）」と調査票や回答フォームへ目立つよう記載すると良いと思います。こうした工夫も，窓口となった職員の不安を軽減することができ，“展開しやすい”調査になるのではないでしょうか。

メリットを感じやすい調査

調査を回答した自治体には，フィードバック（調査の集約結果等を提供）いただけると嬉しく思います。せっかく回答したのに音沙汰なしでは寂しいから…という理由ではありません。政策立案に資する貴重な情報源となるからです。EBPM（Evidence-based Policy Making，エビデンスに基づく政策立案）と言われて久しいですが，政策立案においては，政策の妥当性を説明し合意形成をしていくためエビデンスが必要になります。エビデンスには，“縦”，“横”，“第三者”の視点があると考えています。

“縦”の視点は，法制度（法律，政令，条令，規則や要綱等）のほか，国や自治体が策定した計画や指針類です。「国が言っていますので…」は，自治体職員の決め台詞です。

“横”の視点は，他自治体の事例のことです。先進事例調査のため他の自治体へ取材に行くこともありますし，市町村の担当者から「県内の他の自治体はどうですか？」と問い合わせを受けることもあります。「他自治体で実績があります」は，自治体でよく聞くセールストークの基本フレーズです。

“第三者”の視点は，統計等のデータ，専門家からのご意見，学術論文や民間調査機関のレポート等で，客観性の高い情報として重宝されています。

政策研究を通じて取りまとめた自治体調査の情報は，“横”と“第三者”の２つの視点を持ち合わせており，「財政部署へデータを基に説得力のある説明がしたい！」,「データや事例を他部署や市町村へ情報提供することで政策推進に役立ててもらいたい！」という自治体職員の思いに応えることができる貴重な情報源となります。

当然，調査テーマによってはフィードバック・共有することが馴染まない性質の情報もあるかと思います。しかし，「回答に協力してもらった自治体には，本調査のとりまとめ結果を提供します」と明記されている調査には“メリットを感じるなぁ”と思う自治体職員も少なくはないと感じていますので，差支えのない範囲でご検討いただきたいと思います。

第5章　アンケート調査の調査プロセス

第4章までは，調査を実施するまでの準備（第3章），調査依頼の方法（第4章）についてまとめてきた。本章と，第6章では，アンケート調査とインタビュー調査のそれぞれについて，どのように調査を実施していくかについてのプロセスを紹介する。

5.1　アンケート調査の一連の流れ

まず，ここまで説明したことを踏まえて，アンケート調査を実施するにあたっての手順を確認する。表5-1は，「準備段階」から「論文執筆」までの一通りのプロセスをまとめたものである。そのため，本章だけでは説明しきれていない項目や本書では扱わない項目も含めて記しているが，全体像を把握するためのものである。

依頼文の作成後に行う一連の流れについて説明する。おおよその流れは下記の通りである。

回答の収集（回答先の確認および照合）　→　お礼の連絡　→　リマインドの送信（第4章で説明）　→　（回答漏れ等の確認）　→　データセットの作成（第7章で説明）　→　調査報告書の作成（第8章で説明）　→　調査完了および報告書の送付（第8章で説明）　→　論文・レポート執筆（第8章で説明）

①依頼メールの送信

依頼文を作成したら，調査依頼のメール送信を行う。この段階で先方より回答にあたって依頼状の提出を求められることがある。自治体によって，依頼状

表５－１　アンケート調査の実施手順

日　数	作業内容	コメント	該当箇所
準備段階	依頼文作成	pp.104-106を参考に作成する。	5.2
調査開始	メールの送信	遅延なく同じタイミングで送れるように心がける。特に問い合わせフォームが多い場合は時間がかかるので工夫が必要。	
２週間後	リマインド	pp.104-106を参考。	4.2
その都度	お礼の連絡	確認ができ次第行う。	第４章
３～４日	調査票の確認		第４章
３～４日	データの入力・管理	調査票の枚数により前後する。紛失等を防ぐためにも調査完了後すぐに実施する。	第７章
以下，それぞれの計画に合わせて実施	分析	本書では取り扱わない。	×
	レポート作成	第８章を参考。	第８章
	レポートの送付	第８章を参考。	第８章
	論文執筆	本書では取り扱わない。	×

のフォーマットが用意されている場合と，そうでない場合がある。前者の場合は，求められた情報を書けば良いが，後者の場合は必要な項目を聞き出し自ら作成する必要がある。

②お礼の連絡

回答が確認でき次第，届いた自治体から順にお礼を送信する。また，再回答等の要望があれば，この時点で伝えておくことにしよう。ネット上のフォームで回答してもらった場合には「必須」指定やシステムで回答の制御ができるため，調査自体に大きな問題が生じることはほとんどないが，メールでの回答の場合には，未回答の項目やフォーマットを勝手に改変した回答など，様々な悩ましい問題が生じることが多く，対応が必要な場合もあるためである。

③回収結果の確認

設定した期限に達したら，集まった回答を確認しよう。この際にまず優先したい点は，回答してもらった自治体よりも，回答をしてもらっていない自治体についてである。回答をもらった自治体についても，再送を依頼するためにも早い時点で確認する必要がある。一番良いのは，最後にまとめてやるのではなく，回答が届くたびに処理していくことである。

表5-2は筆者らが調査を行う際に実際に使用している管理用のリストである。第3章（表3-4）において概要については説明を行っている。以下では，実際の利用の例を示す。表における用語の意味については，表3-4を参照。

④リマインドの送信

回収状況について一通りの整理がついたら，回答が送られていない自治体に

表5-2　連絡状況確認リストの利用例

ID	自治体名	連絡先	返信有無	回答日	最終回答日	待ち理由	再送	再送2	コメント
1			済		7月7日	---			
2			済		7月7日	---			
3			待ち	7月3日		議会対応中			
4			拒否	7月3日		---			
5			待ち	7月5日	7月15日	---	7月14日		
6			---	---		---			連絡手段なし
7			返信なし		7月24日		7月14日	7月21日	
8			返信なし				7月14日	7月21日	
9			待ち	7月3日		議会対応中			
10			待ち	7月3日	7月10日	部内審議中			
11			返信なし				7月14日	7月21日	

対して早速に再度依頼文を送る必要がある。この時にも，初回の依頼文をそのまま送るのではインパクトが弱いので，再送であることが一目でわかるような工夫を施した依頼を行うようにしよう。

⑤その後の手順について

データセットの作成以降の手順については，それぞれ第7章，第8章において詳述しているため，ここでは説明を行わない。

5.2　アンケート調査依頼文について

ここでは，アンケート調査の依頼をどのように行うかの例について，筆者らが実際に調査を行う際に用いている依頼文面（p.104）を用いながら説明する。はじめに，依頼文面の全体の構成について説明を行う。

①調査依頼の送信について

まず，依頼文では，こちらの素性を明記する。依頼者の素性は重要ではないと思われるかもしれない。確かに，依頼者の属性に応じて行政からの回答内容が大きく変わるようなことは考えにくい。ただ，素性が明らかではない依頼者からの依頼には応じにくいという側面があることも確かである。極端な話かもしれないが，「誰だか分からない依頼者であれば，回答は不要」とされてしまうことも考えられる。調査への協力を得やすくするために，依頼者の素性は明確にしたい。

どこの誰が調査依頼しているのかを明らかにするのは，調査時の最低限のマナーであるとも言える。素性を誤魔化す必要は当然ないはずであり，もし素性を明かせないようであれば，そのような調査は実施するのを控えるべきである。

②調査の狙いや背景の説明

どのような意図をもった調査なのかを伝える。このアンケート調査は，「オープンデータへの取り組みを義務化された都道府県が，オープンデータについてどのように取り組んでいるかについて実態を把握すること」を目的とした調査であるため，その旨を明示している。

③アンケート調査対象の選定方法

次に，アンケート調査対象の選定方法について説明している。この調査では，全国47都道府県を対象とした悉皆調査であるため選定の事由はないが，調査実施の背景として，オープンデータ公開が義務化されたことを示している。

④調査概要の説明

続いて，点線部内においては調査の概要について説明を行っている。最低限必要な事項として，「調査対象」，「調査方法」，「質問の概要」，「回答期限」，「調査データの取り扱い」などについては必ず触れておくようにしよう。この点線内部を読むだけで一通りの調査概要が理解できるように記述することが重要である。

また，この調査ではGoogleフォームを用いたインターネットアンケート調査を実施しているので，調査サイトへのリンクを挿入し，そこからアンケートへの回答を依頼するようにしている。また，アンケートサイトへアクセスできない自治体も一定数存在するため，必ず代わりの回答方法も明示するようにする。この調査の実施時には，同じ質問内容をエクセルに打ち出した形式の調査票を作成した。

⑤成果公表時の取り扱いを明示

成果公表時の情報の扱いについても依頼時に伝えておく必要がある。アンケート調査は多くの場合，「回答者が特定されない」旨を明記しておく必要があるだろう。また，インタビュー調査などの場合は，個別の自治体名が特定されるようなかたちでの成果公表にせざるを得ない場合もあるが，そのような場合には，当然，成果公表時にヒアリングの結果と個別の自治体名が結び付けられるかたちでの公表となることの了承を得る必要がある。

⑥連絡先

依頼時には，個人のものではなく所属先のアドレスを使用した方が相手先からの信頼を得やすいため，なるべく所属先のアドレスの使用を勧める。間違ってもフリーアドレスを利用した依頼の送信は避けるべきである。また，電話での確認を求められることも多いので，可能な限り電話番号も記載しておいた方が良い。

ここからは実際の依頼文面を示すとともに，それらにコメントを加える形で依頼文についての説明を行っていく。ちなみに，ここで用いている調査は2018年に全国の都道府県を対象にオープンデータの実施体制に関する調査を行ったものである。この調査では全47都道府県のうち，42の道府県より回答を得られた（回収率＝87.2%）

突然のご連絡失礼致します。

我々は自治体のオープンデータの動向について研究している島根大学の中野邦彦と東京工業大学の本田正美と申します。
この度は表題の件につきアンケート調査へのご協力のお願いでご連絡させていただきました。

> ①に該当。調査代表者の氏名と所属を伝える。

本調査は，官民データ活用推進基本法により，オープンデータへの取り組みを義務化された都道府県が，オープンデータについてどのように取り組んでいるかについて実態を把握することを目的に実施されます。

> ②に該当。調査を実施するに至った背景や，調査の目的を示す。

調査概要については以下の通りです。

……………………………………………………

調査対象：47都道府県
調査方法：グーグルフォームを用いたネットアンケート

> ③に該当。どのような基準で対象を選んでいるのかを明確に示す。

（＊システム等の都合上，外部サイトへのアクセスが制限されている場合は，別途質問票をお送りさせていただきますのでその旨お伝えください。）
質問数：約20問

アンケートリンク：
https://docs.google.com/forms/****************
****

回答希望期限：６月８日（金）

＊回答いただいた内容は統計的な処理を施した上で，研究上の目的にのみ使用します（論文，報告書等）。
また，回答者が特定されるような形で外部に公開することは致しません。

また，本調査にご協力いただきました皆様には，調査報告書として，本調査のまとめ及び分析結果をお送りさせていただきます。
（他にもこれまでも市町村レベルで20地域程度を対象にヒアリング調査を行ってきておりますので，ご興味がある場合は相談の上こちらの成果についても共有させていただきます。）

それではお忙しいところご面倒をお掛けいたしますが，本調査への協力をどうぞよろしくお願い申し上げます。

この点については，p.115でも説明している通り，自治体を対象とする場合は，必ず事前に用意する。

余裕を持った期限を設定しよう。多くの場合，手続きに時間がかかったり，回答期限の延長を求められる。それらの期間も考慮した日にちを設定しよう。

これに関しては，調査を実施する上でのエチケットのようなものなので必ず記入するようにしよう。

回答者が調査に協力するにあたりモチベーションとなりうる情報である。

本調査以外にも，関連して提供できる情報がある場合は紹介しておくと良い。

島根大学　助教　中野邦彦
東京工業大学　研究員　本田正美

＊本調査についてご不明な点などございましたら，
中野（mail: ＊＊＊＊@＊＊＊＊＊＊＊-u.ac.jp
TEL: 0853－＊＊－＊＊＊）
までご連絡いただければ幸いです。

調査実施責任者の氏名を記入。

連絡の混線を避けるためにも，連絡窓口は一つにしよう。また，メールのみではなく，電話番号も可能な限り記入するようにしたほうが良い。

5.3　その他，気をつけておきたいこと

ここまで1，2節では，アンケート調査を実施するにあたっての一連のプロセスおよび，調査依頼文の書き方について説明を行ってきた。本節では，その他に注意しておくべきことについてまとめておく。

①調査協力に対する基本的なスタンスについて

調査協力をしてもらえるのが当たり前という前提は捨てよう。行政が，国以外からの調査に対して答える義務はなく，少なからず負担になっている点に関してはここまでも説明してきた通りである。そのような状況であるにも関わらず，忙しい中，場合によっては部署内における許可を得る手続きを通すという手間までかけて回答してもらっているのである。「断わられて当然」とまでは言わないが，先方の調査対応への大変さを少しでも理解することで，必然的に調査依頼の仕方や対応も丁寧で間違いのないものになっていく。

②調査に関する問い合わせについて

特に行政を対象とする場合，調査依頼後に調査についての多くの問い合わせがくることが想定される。調査協力者の誤解や不安を取り除くためにも，問い

合わせをしてもらえることはとてもありがたい機会である。また，これらの問い合わせに関しては，電話でかかってくることがとても多い。可能な限り電話番号は載せておくようにしよう。

それらの中身としてはおおよそ次のとおりである。

依頼状の提出

必ずしも多い数ではないが，調査に回答するに当たって部署内の稟議を通すなどの理由から調査依頼書の提出を求められることがある。先方がフォーマットを指定した上で送ってくる場合もあれば，特に何も指定せずに求められることもある。届いてから慌てることがないようにこれらに関しても事前に準備を進めておくと良いだろう。

質問内容に関しての質問（アンケート調査の場合）

事前にいくら注意して質問紙を作ったとしても回答がしづらいなどの問い合わせを受けることがある。このような場合は，指摘された箇所に関しては可及的速やかに定義や方針を決め，調査協力者全員にそのむねに関して知らせるメールを送ろう。早い段階で回答を提出してしまう自治体もあるので，これに関してはなるべく早く対応するべきである。

場合によっては，質問内容を明確にしたメールを調査先に再度送信することも検討する。質問の意図が不明なために回答ができないという状況に陥っている調査先があれば，追加で質問内容を明確にすることで，回答を促すことにもつながる。

回答期限に関して

調査に回答するに当たって，部署内の協力を取り付けるために一定の時間を必要とする自治体も少なからず存在し，こちらが指定した期限よりも先の期限を求められることも多い。この点に関しても，調査開始前に「どの程度まで延長を認めるのか」について事前に協議をして期間を定めておこう。ただし，あまりに長い期間を認めてしまうと，調査報告書の作成に影響を与えてしまうことや，そもそも長期間を認めてしまったがために，先方が調査への回答自体を先延ばしにしてしまい優先順位が低くなってしまうということも考えられる。少しでも回収率をあげたい気持ちはあるが全体に影響が出てしまうような依頼に対しては断る勇気も必要である。

他にも，一つの目安としては，報告書や論文の提出締め切りに間に合うかどうかということになるかと思う。

5.4　Googleフォームを用いたアンケート調査のプロセス

アンケート項目の作成が完了すると同時にどのような方法でアンケートを配布し，それらに回答してもらうかを考える必要がある。本書では，インターネット上のフォームを利用して回答してもらうことを念頭においた調査手順について説明する。

現在，インターネットフォームを活用したアンケート調査は最も簡便に実施できる方法である。ただし，自治体を対象としてウェブ上のアンケートシステムを用いて回答を依頼する場合には注意が必要である。自治体においては全ての職員が制限なくウェブサイトにアクセスできるわけではなく，アクセスできるウェブサイトに制限がかけられていることも少なくない。筆者らのこれまでの調査では，約半数の自治体から「システム上，ウェブアンケートからの回答はできない」という返信を受け取っている。

このことを理由に回答を拒否，または返信を得られないということも十分に考えられるので，調査を実施する際にはこのことを考慮した形での調査計画を考える必要がある（具体的な対応方法については次の項目において述べる）。

インターネットを用いてアンケート調査を実施するには，有料のものから無料のものまで様々なサービスが存在する。本書では，料金がかからず無料で利用できるサービスとして多く使われているGoogleフォームを用いたアンケート調査の実施方法について説明する。以下では，実際の操作画面を示しながらアンケートページを作成する方法を紹介する。

①Googleドライブにログインする

Googleフォームは Googleドライブの機能の一つである。Googleフォーム

図5－1

図5－2　メニュー選択画面

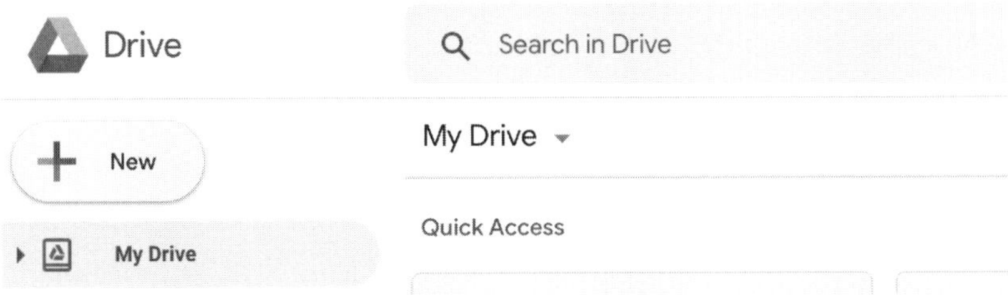

図5－3　「My drive」ボタン

を利用してアンケート調査を実施するには，自身のGoogleアカウントを取得しておかなければならない。各自のアカウントにログインをしてから実際にアンケートのページを作成していくことになる。

Googleのサイト（https://www.google.com）上部右側の四角のボタン（図5－1）をクリックすると，図5－2のようなメニュー選択画面が出現するので，ここから「ドライブ」を選択する。Googleドライブの使い方に関しては，公式ページ上において詳しい説明がなされているので，参考にしてほしい（https://www.google.co.jp/drive/apps.html）。

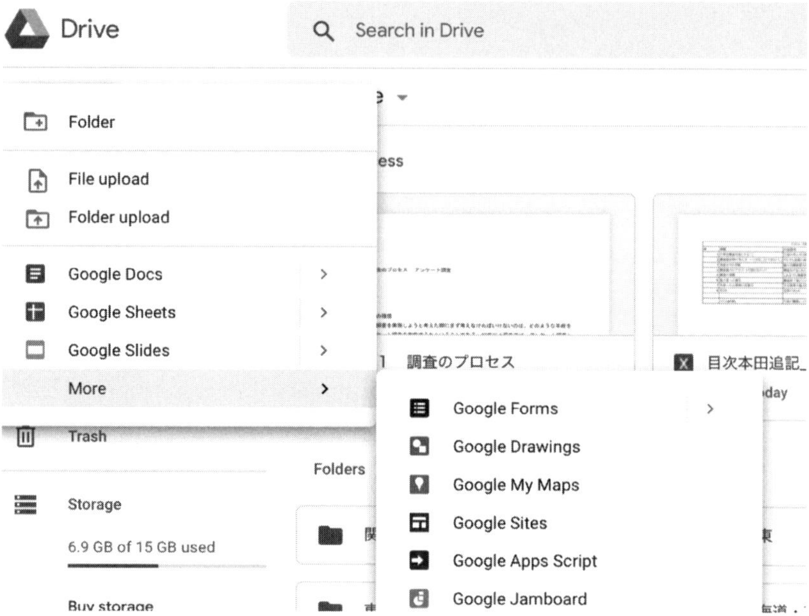

図5－4　google formの立ち上げ方

ここでは，アンケート調査を実施する際の作成方法および注意事項に特化して説明する。まず「My drive」ボタン（図5－3）を選択後「More」を選択して，「Google　Forms」を選択する（図5－4）。

②新規のGoogle フォームが立ち上がる

Google フォームを立ち上げた後に，以下の手順で作業を行う（図5－5）。

1.「Untitled form」に調査のプロジェクト名などを入力する。
2. 質問文を挿入する。
3. 回答の選択肢などを入力する。
4.「必須回答」にするか否かを選択する。

以上の手順に従って作業を行い，入力が完了すると，図5－6のように質問

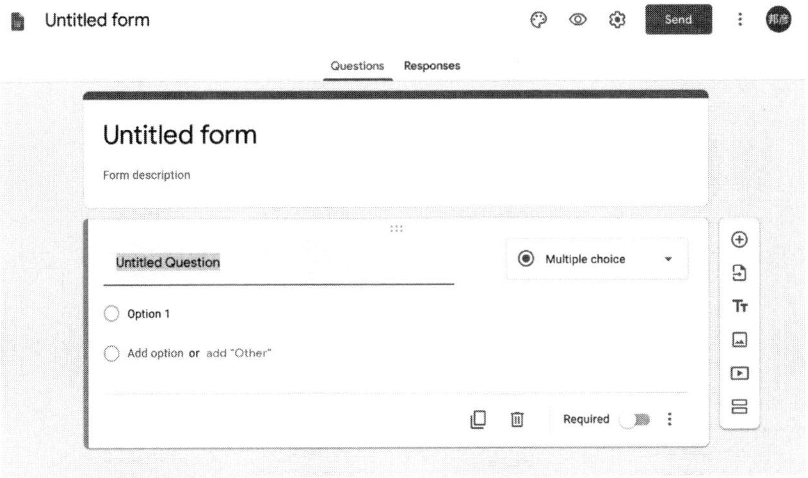

図5－5　質問文入力前の画面

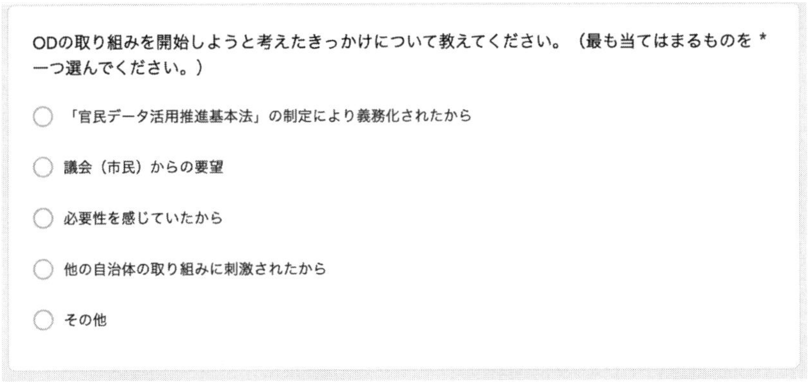

図5－6　完成した質問文の画面　「＊」が付いているものが必須回答として作成されたものである。

文と，それに対する回答の選択肢のページを作成することができる。

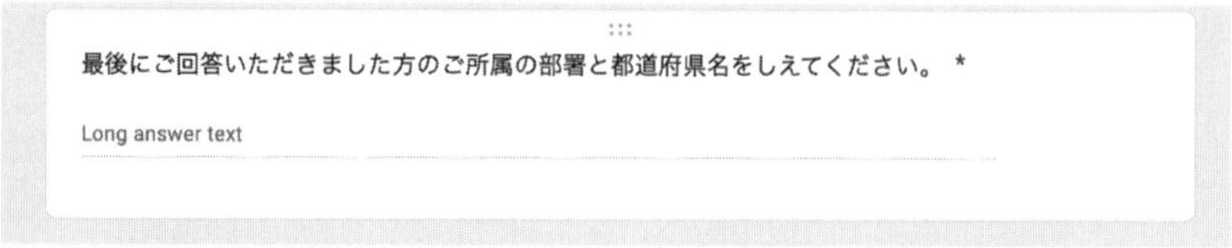

図５－７　連絡先の確認画面

③連絡先の確認

調査時に注意することとして，回答者名を必ず記入してもらう（図５－７）。アンケートの場合，メールとは異なり，誰が回答したかを確認することが困難である。そのために，アンケートフォームの中で回答者情報をしっかりと取得しておくことが重要である。

行政を対象とした場合，回答者の氏名は記入させない方が心理的抵抗感が少ないように感じる。一方で，回答者の所属の部署名に関する情報は可能な限り細かく聞いておいたほうが良いだろう（特に全国を対象に調査を行う場合には，この情報が重要なデータとなることがある）。また，回答者の連絡先のアドレスなども聞いておこう。問い合わせフォーマットなどから依頼を行った際には，協力者の連絡先を入手できずに報告書等を送れなくなる恐れがある。万が一回答に不備などが生じた際の問い合わせを行うためにも回答者の連絡先はしっかりと確認しておくことが重要である。

④アンケートの公開

特定のメールに対して

メールのマークを選択すると，図５－８の画面が出てくるのでこちらに必要なアドレス等の入力を行う。

このアンケートの回答フォームのリンクを取得する方法

リンクのマークを選択すると，この回答フォームのリンクを表示することができる（図５－９）。メール等で依頼を行う際は，依頼のメールの中にこのリンクを埋め込み，そこから回答してもらうように依頼すると良いだろう。

図5－8　メールへのアンケートリンクの送信方法

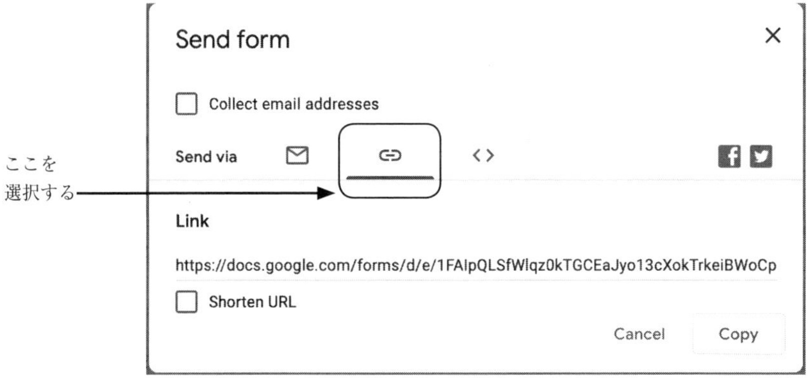

図5－9　アンケート回答フォームのリンク

5.5　その他の調査依頼方法

5.4では，インターネット上のサービスを用いた形でのアンケート調査の方法について説明した。以下では，その他の考えられる調査依頼方法についても触れておく。

①郵送形式での調査

従来からの方法でありもっとも一般的なものである。

デメリットは郵送費，印刷費等，ある程度の予算が必要となることである。また自由記述欄への記載について，回答者の負担が大きく，回答が制限される。集計時に，選択された記号等が読み取れない，記載された文字が読み取れないといった不都合が生じることもある。

メリットとしては回答者が簡単に記入ができることである。また，煩わしいPCの操作やシステム上のトラブルなどがなく確実に実施できることも挙げられる。

行政を対象とした調査においても，多くの場合においてこの形式が採用されてきた。しかしここ近年では上述の通り有料，無料のウェブアンケートシステムの発達により，ウェブアンケートでの調査が主流になってきているように感じる。

郵送アンケートでは，実施側としては往復の郵送料金，印刷費用，その他諸々の雑費が必要となる。また，調査協力者に対しても，郵送に出さなければならいという一手間が発生する。こと自治体を調査対象として考えた場合には，特段の事情がない限り郵送調査にこだわる理由をあまり見出すことはできない。

ただし，調査会社に調査業務を委託する場合には，郵送アンケートも選択肢に含まれる。その費用や手間の問題から，調査会社においてもウェブアンケートの利用が第一に考えられると思われるが，従来から利用されている郵送アンケートについてはその知見も蓄積されており，使い慣れた方法として郵送アンケートが選択されることも考えられる。費用や期間の観点から，より適切な方法を選択するようにしたい。

②メール添付での調査依頼

ウェブアンケートシステムと異なり，こちらの設計意図を無視した形での回答がなされる可能性が高くなる。その理由としては，ウェブアンケートで可能であるようなシステム上の設定が困難なためである。そのため，メール添付でのアンケート調査を実施する際にはよほど，調査票の作成には工夫が必要である。

また，インターネット上のサービスを利用したアンケート調査を実施しようとしても，インターネットに自由にアクセスできる状況にないことから，あらためて質問票を送信してほしいという要請を受けることもある。そのため，メール添付での調査依頼となることも想定して，その準備は常にしておく必要がある。

③電話での対応

電話での調査依頼という方法を考えている場合もあるだろう。実際，いまだにメールによる依頼を失礼と考えているある年齢より上の層が，少数ではあるが存在しているようである。実際に，20年ほど前まではその感覚の方が多数派であったと聞く。しかし，2020年の現在においてはさすがにメールを使えないという人はごく少数派と考えることにあまり大きな異論はないと思う。

本書では，この方法による調査依頼をあまり推奨しない。その理由としては以下に示す通りである。まず，記録として残らないということである。電話の場合，担当者が不在であったり，出た人があまり調査に対して理解を示してくれない人であった場合，その時点で話が完全にストップしてしまう。一方で，メールでの調査依頼を行った場合には，メールボックスに記録として調査依頼の文章が残ることになる。また，個人的に担当者のメールアドレスを知っている場合以外は，担当部署の代表アドレスに連絡をすることになり，その部署内で遅かれ早かれ共有されることになる。自治体にもよるが，担当者の一存だけで調査を受けるか受けないかを判断できるところは必ずしも多くない。部署内での会議等において承認されて初めて調査に対応してくれるというプロセスがある。この際にも，会議に提出する資料としてメールの文面があることで調査に対応してくれる自治体の職員にとっても手続きが行いやすいと考えられる。

表5-3　調査方法の評価

	ネット	メール	郵　送
費用	○	○	×
時間・手間	◎	△	×
PC環境	×	○	−
確実性・連絡先	△	△	◎
処理	◎	△	×

◎ ＝最も優れている　○＝優れている
△＝苦労する　×＝とても苦労する

最後にこれらの調査方法を項目ごとにリスト化したものを表5-3として掲載する。調査設計や，調査対象の事情，調査対象数など様々な事情によってベストな方法というのは常に変わりうるものである。表5-3では「費用」，「時間・手間」，「PC環境」「確実性・連絡先」，「処理」の5つの基準で評価している。

・「費用」……ここではアンケート調査を実施する際に必要な費用という観点から評価を行った。
・「時間・手間」……調査を実施する際にかかる時間と手間の観点から評価を行った。ここでいう「時間」とは，アンケートの公開（配布）から，それらに回答されるまでの時間のことをさしている。また「手間」とは，実施に際して必要となる作業量の多さを考えている。
・「PC環境」……回答する際にPC環境がどの程度影響するかという視点から評価を行っている。ネットアンケートの場合は，回答ページのリンクにアクセスができなければ回答することができないため，大きな影響があると判断している。また，メールの場合はほぼどのような環境でも受け取ることができるため「○」という評価にしている。
・「確実性・連絡先」……確実性とは，調査対象と調査依頼のためのコミュニケーションをとることができるかどうかという基準で評価している。また，連絡先に関しては，相手先の連絡先を入手できるかどうかという基準で判断している。

・「処理」……ここでは，回答結果の取りまとめやすさという視点で評価を行っている。インターネット上で調査を行う場合は，こちらの方で回答を入力する必要はなく，回答結果が入力された形でファイルを入手することができるため高い評価とした。一方で，郵送の場合は，紙の調査票の管理から，データの入力作業まで手間が大きいことから×の評価となっている。

5.6　まとめ

本章では，アンケート調査実施時の一連のプロセスについて紹介を行ってきた。本章では，特にインターネットを用いたアンケートを実施することを想定しているが，他の方法を用いて調査を実施する場合にも基本的な考え方や実施するべきことは変わらない。

5.1では，アンケート調査を実施するに当たって一連のプロセスを概観してもらうために，時間軸とともに実施すべき作業を示した。

5.2では，調査依頼を行う際に，行政の担当者とはじめてのコミュニケーションとなる調査依頼文の作成について筆者らが調査依頼を行う際に用いている依頼文の具体例を示しながら，それに解説を加える形で説明を行ってきた。

5.3では，調査実施に当たって理解しておきたい細々とした注意点について補足的にまとめている。

5.4では，インターネット上のアンケートフォームを用いてアンケート調査を実施する際の方法について，実際の操作画面を示しながらアンケートページの設計方法について説明をした。

本書では，インターネット形式でのアンケート調査の実施を推奨している。一方で，様々な事情によりその他の手段を用いて調査を実施しなければいけない場合というのも存在するだろう。5.5では，行政を対象に調査を実施する際に考えられる方法を一通り示しながら，それらの方法で調査を実施する際の長所と短所について検討を加えている。

ここまでも述べてきた通り，行政を対象とした調査を実施する際に回収率を高い水準で維持することは非常に重要である。本章においても，アンケート調査の一連のプロセスを紹介しているが，究極的には，100％に近い回答率を達

表5-4 第5章のまとめ

節番号	節タイトル	内　容
1	アンケート調査の一連の流れ	アンケート調査を実施する際の手順について
2	アンケート調査依頼文について	調査依頼の文章の書き方について
3	その他気をつけておきたいこと	アンケート実施に当たって注意すべき点
4	Googleフォームを用いたアンケート調査のプロセス	インターネットフォームを用いたアンケート調査の実施方法について
5	その他の調査依頼方法	様々な調査方法について検討を行った

成することであり，そのための工夫をまとめてきた。本書を通して，調査の進捗管理の方法から，調査依頼の文面まで調査を実施する際に必要な情報を確認することができる。

読者の方が設定している対象やテーマによって，対象へのアプローチの方法は異なってくることが考えられるが，公共機関を対象に調査を考えている場合は本書の実施方法をベースにして発展させていけるはずである。

一点追記するとすれば郵送での調査実施についてである。本書ではインターネットフォームを用いた方法でのアンケート調査方法のみを取り上げて説明を行った。郵送調査の場合にはまた異なったアプローチ方法や注意すべき事項が存在するので注意してほしい。

コラム５　調査で経験した失敗と対策

中野邦彦・本田正美

1　連絡先を見失う

アンケート調査とインタビュー調査いずれにおいても，調査対象と連絡が取れて，はじめて調査は成立する。しかし，調査の途中で連絡先を見失い，連絡が上手く取れなくなるという失敗が生じうる。

特に注意したいのがウェブサイト上の問い合わせフォームを用いて調査を実施する際である。依頼文を送信する際に，回答者の連絡先をしっかり確認しておく必要がある。問い合わせフォームから依頼を行い，そのまま相手方の自治体が回答してくれた場合には，実質的に，回答者との直接のやり取りが発生しない。そのため，相手方の連絡先が分からず調査報告書を送れないなどという失礼な事態が発生してしまうことがある。（実際，我々もこのミスを犯してしまったことがある。当時の一部回答者の方々には大変失礼なことをしてしまい，その非礼を恥じるばかりである）。

ＨＰ上に担当課のメールアドレスが掲載されている場合は問題ないが，ウェブサイト上の問い合わせフォームを利用するのはメールアドレスが掲載されていない場合であるため，特に注意を払う必要がある。とりわけ，問い合わせフォームではファイルの送信が行えないケースや送信できる文字数に制限があるケースもあり，十分な連絡が行えないことがある。常に，相手の連絡先の確認は怠らず，少なくとも担当者の所属と氏名は確実に把握しておきたい（最悪の場合，電話や郵送での対応が可能である）。

2　怪しい依頼者だと誤解される

一定数以上の自治体を対象にアンケート調査やインタビュー調査を実施して気づいたこととして，依頼者についての本人確認を行政職員は非常に気にしているということがある。

こちらの素性を明確にして依頼を行わないと，怪しい依頼者だと誤解されたのか，本人確認を行う電話がかかってくることがあったのだ。第４章で「電話番号を載せるようにしよう」と述べたのはこの点と大きく関係している。これまでも，調査依頼を行った直後に必ず一定数の電話問い合わせがあるが，これらの大半は「本人確認目的」である。このような事情もあるため，電話番号については，個人の携帯電話などではなく，研究室の固定電話などを記しておいた方が信頼感という点においては高いと考えられる。これまでお会いしたことのある自治体職員さんからは，「連絡先に携帯電話しかない場合は不安になる」という話を聞いたこともある。もちろん，メールアドレスのドメインも所属組織のものがあれば，それを利用すべきである。

これまでもインタビュー調査で訪ねた先の自治体で，筆者らの情報を「Facebookページで事前に確認をしている」ということを聞いたこともあった（中には，ＳＮＳなどから友達申請を行ってくれる職員さんもおり，その場合には事前に雑談を含め色々と調査のイメージを広げることができる）。研究者であれば，自身に関する情報は何らかのかたちでウェブ上に公開されていることから，自治体の担当者もウェブ検索を行うことで，それを確認することもできるだろう。しかし，そのような公開情報がない者が調査を実施することも当然にあるわけで，依頼時に調査者の素性をきちんと伝えることが何よりも求められる事柄となる。また，何らかのプロジェクトの一環として調査を実施するような場合には，そのプロジェクトの概要についても依頼者に関する情報として依頼時にできるだけ伝える方が誤解を生みにくい。特に，企業からの営利を目的とした調査については依頼を受けないとする自治体もあるため，調査目的を明確にすることは非常に重要である。

3　不十分な質問を送ってしまう

インタビュー調査とアンケート調査の最大の違いは何かと問われれば，あくまで筆者の私見ではあるが，それは「一発勝負である」と考えている。

これはどういうことかというと，インタビュー調査の場合は，一人目でのインタビュー調査の知見を受けて次回以降に反映させることや，場合によっては調査中に得られた新たな気づきによってさらなる質問を追加することなども可能である。調査の途中である程度の軌道修正が行えるのがインタビュー調査であり，一度質問票を送信してしまったら軌道修正が困難なのがアンケート調査であると言える。

アンケート調査の場合，どのような方法を用いて実施した場合であっても，一度調査票をセットしてしまえばその後の調整が一切効かない。調査票が戻ってきた時点で，「尋ね方を変えればよかった」や，「このようなことも尋ねればよかった」といくら悔やんでもどうしようもできないのである。アンケート調査では，不十分な質問を送信してしまい，必要な回答を得ることができないという失敗の可能性が付きまとうのである。

特に注意したいのは，質問項目を多数設けた場合である。質問項目が多数あることから，「必要な質問は十分に設けた」と勘違いしてしまいがちである。さらに，多数の質問を設けると，質問同士で矛盾していたりもする。複数人で質問について確認したとしても，その種の矛盾は事前に発見できないこともある。この失敗に対しては，適度な数の質問の設定と事前のパイロット調査が特に重要である。

4　不十分なやりとりで終わってしまう

ひとつ上の記述と矛盾するようだが，インタビュー調査も実は「一発勝負である」ことには変わりない。その都度のインタビュー自体は一回限りが基本であるのだ。もちろん，上述のアンケート調査での失敗のように，一度質問票を送信してしまったから取り返しがつかないということはなく，ある訪問先での調査が不首尾に終わるという失敗で留めることはできる。それでも，その調査先については，十分な回答が得られず，事後にメールなどで再確認ができるとしても，インタビュー当日のやりとりを完全に補足することはできない。

このインタビュー調査での失敗は予測がほぼ不能である。これが調査者を大きく悩ませる。たとえば，依頼時のやりとりで，その文面から相手先の担当者があまり協力的ではない様子に見えても，当日現地に伺ってみると，大変に協力的ということがあった。逆に，事前に協力的かと思って現地に伺うと，準備された回答以外に一切の話をしてくれないということもあった。その時々の状況に応じて，たとえば，直前に難題が生じたので早くインタビューを終わらせたいといった事情が相手先に生じているということもある。

実際に筆者らは「業務上の不都合が生じて，その対応の必要があるので，インタビューは１時間の約束だが，できるだけ早めに切り上げさせてほしい」と当日に直截に伝えられたことがあった。この場合，相手の回答は全て極めて簡潔なもので，文章のやりとりでも十分に得られる程度の情報しか得られなかった。インタビュー調査は「一期一会」な要素が多分にあり，その日の状況に応じて，同じ相手であっても引き出される回答が異なるということもありうる。その回答が大きく異なるようでは，調査の信頼性に疑念が生じることにもなることから，そのような揺れが生じないように注意しつつ，可能な限り当日は余裕をもってインタビューを実施することがやりとりを不十分なものにしないための対策となる。

5　調査に取り合ってくれない

行政だからといって必ずしもまともな対応を取ってくれるとは限らないことも覚えておきたい。これは，特に都市規模の大きな自治体に見られる傾向であるが，なかには非常に上から目線での対応を取られることもある。筆者らが調査実施時に実際に取られた対応としては以下のようなものがあった。

・我々の自治体はすでに十分な水準に達しており，特別周囲の事情なども知る必要がないのでこれらの類の調査に関しては一律で断るようにしている。
・調査には協力できないが，調査実施後の報告書は送ってくれ。
・定められている業務ではないので対応しない（国の調査にしか対応しない）。
・調査で尋ねていることとは全く関係のない自説を延々と述べた挙句に調査協力を拒否する。

・調査項目に関する政策に取り組んでいるか否かの回答も留保した上で，調査に応答すること自体を拒否する（このケースでは，当該自治体のウェブサイトにはその政策についての記載があり，取り組んでいること自体が公開情報であった）。

他にも，ここに記すことが憚られる驚くような対応を取られたこともある。

たしかに，季節柄など様々な事情を抱えていることはあり，業務多忙を理由に断られることや，全く興味関心のないテーマなどの場合は回答をするモチベーションが湧かないという事情は十分に理解できる。しかし，その自治体の住民に対して取ったとしたら，「その対応はさすがにおかしい」と思われるような対応は，たとえ部外者に対してであっても取るべきではないはずだ。調査の実施ということでは，これは協力を得られなかったという失敗になるが，調査の失敗ということ以上に後味の悪い経験となる。

もちろん，そのような対応を取ってくるのはほんの一部の自治体である。一方で，一定数の自治体を対象に調査を実施する場合には必ず数件はこのような不可解な対応を取られることがある。特に調査が初めての場合は，落ち込んでしまうかもしれないが，「一定数は存在するものだ」と言い聞かせて気にしないことも調査者に必要な心構えである。

自治体全体で組織として高飛車なスタンスを取っていると思われるパターンと，たまたま対応に当たった人が「クセが強い」職員の方である場合の２パターンがあるように感じる。前半のパターンでは調査協力は諦めるしかなさそうだが，後半のパターンであれば改めて依頼先を自治体の代表連絡先にしたり，当該職員の上長に依頼してみるといった対応が考えられる。ちなみに，筆者らの経験では，インタビュー調査の協力は得られたものの，インタビュー調査実施時には大変横柄な対応を取られたことがあった。ただ，終了後の雑談で，筆者らが大学院でお世話になった教員の話になった。その教員は某省からの出向者であり，インタビュー時に横柄な対応を取られた職員の方もその某省から自治体に出向してきていた方で，某省ではその教員の部下として働いたことがあったことが明らかになった。

その事実が明らかになった瞬間に，その横柄な職員の方の態度が変わり，あらためて質問に丁寧に回答し直してくれたのだ。相手によって対応を変えるのもどうかとは思うが，結局のところ，行政職員も人間であり，その都度で何らかの要因により対応も変りうる。依頼の文面や調査時の態度などで調査の正否にも影響を及ぼすため，調査者として注意できる点については調査の過程で常に注意を払いたい。

6　論文化できない／査読で調査の不備を指摘される

これは調査の事後，一定の時間が経過した後に判明する失敗である。アンケート調査やインタビュー調査は完了して，その結果をまとめ，いざ論文化しようとしたときに，十分な材料が揃っていなかったことが判明するという失敗だ。

この失敗の直接の要因は前記の不十分な質問や不十分なやりとりにあるのだが，調査直後はそれらの失敗に気付かないことがある。特にアンケート調査について，それが顕著だと思われるが，集計した結果を統計分析すると，明らかにおかしな結果となって，あらためて確認すると質問間で矛盾があったということがあったりする。こうなると，調査は行ったものの，それを論文化して成果とすることが叶わなくなる。

論文化したとしても，学会誌などに投稿すると，査読者から「調査に不備がある」と突き返されることもある。筆者らの経験では，調査に関する記述が不十分であったり，調査結果からは直接導出できないように見える結論を書いてしまったりした際に，その種の指摘を受けることになるようである。調査実施時点ではある程度予想した結果があり，その通りに回答が集まれば，論文化も苦労せず，査読者からの指摘も少なく済むが，予想した結果ではない場合に，どうしても論文の内容に無理が生じ，調査結果の部分を十分に記述せずに「押し切ろう」としてしまうことがある。さかのぼれば，その予想と調査設計自体に無理があったということであり，論文投稿してから，その不備を指摘されないよう，調査設計の時点で細心の注意を払いたい。

第6章　インタビュー調査の実施

この章では，実際にインビュー調査を行う際のプロセスを順を追って説明する。調査の設計や質問項目の作成や，アポイントメントの取り方についてはすでに第2～4章において詳しくまとめた。ここではそれらの情報は省略して，実際にインタビュー調査を実施するそのプロセスと調査終了後に必要な対応についてのみ焦点を当てて説明をする。

6.1　インタビュー調査の一連の流れ

インタビュー調査を実施するにあたっての手順を確認する。表6-1は，「実査」から「論文」までの一通りのプロセスをまとめたものである。そのため，本書だけでは説明しきれていない項目も含めて記しているが，全体像を把握するためのものとして理解してほしい。

①依頼文の作成と送信

インタビュー調査を実施するとなった場合もアンケート調査と同様に，依頼文を作成し，依頼先にメールで送信する。依頼文については6.2で詳述するが，その内容次第では調査の協力を得られないという事態に陥ることもあり，細心の注意を払って過不足のないものを作成したい。

②日程の確定から訪問

依頼文を送信した後，依頼先から承諾が得られれば，訪問の日程を確定させて現地に赴くことになる。約束した日時に現地へ赴くということで，そこに大きな問題は生じないように思われるかもしれないが，訪問先の役所は初訪問で

表 6-1 インタビュー調査の一連の流れ

日 数	作業内容	コメント	該当箇所
準備段階	依頼文作成		4
調査開始	メールの送信	役所の業務時間内に送信するよう心がける。特に問い合わせフォームが多い場合は時間がかかるので工夫が必要。	6.1
1週間～2週間後	リマインド		4
	お礼の連絡	返信が確認でき次第に連絡する	4
1～2日	現地訪問	現地での時間には可能な限り余裕をもって。	6.2
数時間	インタビュー	機会は限られているので，聞き洩らしのないように。	6.3
数時間	帰路	現地からの帰路時にも作業を行う。	6.4
	お礼と結果の確認	お礼を送信。できるだけ早く，調査結果をまとめて，その確認を依頼する。	6.4
3～4日	データの入力・管理	調査対象の数により前後する。	第7章
それぞれ	分析	本書では取り扱わない。	×
	レポート作成		第8章
	レポートの送付		第8章
	論文執筆	本書では取り扱わない。	×

あり，さらには遠方であれば，そこに決められた日時に赴く際に不測の事態が生じることも予想される。6.3で詳述するが，十分な準備を行って万全の態勢で現地に訪問したい。

③インタビューの実施

約束した日時に現地に訪れたら，いざインタビューの実施となる。基本的には，インタビューの時間には限りがあり，その時間内に必要な情報を相手先から引き出す必要がある。ただ，多くの場合，インタビューの相手は初対面の行政職員であり，上手く会話が進んでいかないことも当然に想定される。準備した質問をただ相手に投げかけるだけではなく，適宜関連する話題についても振りながら，インタビューでなければ引き出せないような現場の話を上手く引き出したい。

④お礼の送信と内容の確定

インタビュー実施後には，できるだけ早くお礼を送りたい。お礼の際に，合わせて，インタビュー調査の結果を確認する作業も行いたい。インタビュー録音をしている場合には，その文字起こしをもとに内容を整形したもの，録音を行っていない場合には，当日とったメモを整形したものを，お礼と合わせて相手先に送り，その内容の確認を依頼する。早期のお礼と内容の確認を可能にするために，インタビュー調査実施直後の作業が重要となる。実施直後の作業については，6.5で詳述する。

6.2　インタビュー調査依頼文について

以下は，実際に利用したインタビュー調査依頼の文面である（一部，改変してある）。このときには，内閣府が公表した資料に掲載されていた24自治体に依頼して，23自治体より協力を得ることができた（回収率＝95.8%）。

> ○○市　情報政策課
> オープンデータ担当者　様
>
> 突然の連絡，失礼致します。
> 東京工業大環境・社会理工学院研究員の本田正美と申します。
> ヒアリング調査の依頼をさせていただきたく，連絡致しました。
> 現在，私は，東京工業大環境・社会理工学院梶川教授がリーダーを務める社会技術研究開発センター採択プロジェクト「政策過程におけるエビデンス記述・解釈に関する調査研究」にて調査研究に従事しております。具体

担当者宛てに依頼。

所属等を明記。

的には，自治体におけるオープンデータの取り組みとエビデンス（証拠や根拠）の関係について調査しております。

研究分野や調査分野を簡潔かつ明確に。

すでに300前後の自治体がオープンデータに取り組んでいるとされていますが，これだけの広がりを見せた取り組みにつき，それがどのように各自治体で着手されるに至ったのか。政策開始に関する事例研究を行うために，実際にオープンデータに取り組まれている自治体の担当者の方に以下の項目につきヒアリング調査を行っております。

調査の背景と目的を明記。

ヒアリング先は24の自治体を予定しておりまして，内訳は，内閣官房情報通信技術（IT）総合戦略室内閣参事官　山路栄作氏による『政府におけるオープンデータの推進について』（http://www.tronshow.org/2016-tron-symposium/session-pdf/ja/pdf/20161215-5-2.pdf）に掲載されている自治体となります。その中に○○市があげられておりましたため，依頼申し上げた次第です。

調査対象の選定方法を明示。

ヒアリング調査　質問事項：

質問事項を列挙。

1．オープンデータを始めるきっかけについて

問１「オープンデータ」という事柄をどのようなきっかけで知ることになったのか（例.

国からの情報提供）
問２　実際にオープンデータに取り組もうと考えるようになったきっかけは何か（例. 東日本大震災，国や企業の働きかけ）
問３　オープンデータに取り組むにあたり，どのような情報収集を行ったのか（例. 文献調査，他自治体の視察）

２．オープンデータを進める過程について
問４　オープンデータの推進を担う部署はどのように決定されたのか
問５　オープンデータの推進につき主に担当する職員はどのように決定されたのか
問６　情報化計画などの行政計画とオープンデータの取り組みの関係はどのように考えられているのか
問７　データを保有している部署から公開のための理解をどのように得たのか

３．オープンデータの成果設定について
問８　オープンデータの開始にあたり，そのデータの利用者に関する情報収集は行ったのか否か
問９　オープンデータの利用方法については，どのようなものを想定していたのか
問10　オープンデータとして公開するデータの選定はどのような根拠に基づき行ったのか

問11　外部の専門家などの知見はどの程度活用したのか

4．オープンデータ開始後の取り組みについて

問12　オープンデータの取り組みにつき，庁内での情報共有はなされているのか

問13　提供しているオープンデータの利活用の状況についての情報を把握しているのか否か

問14　オープンデータの取り組みについて，現状をどのように評価しているのか

問15　開始当初の担当者が変更される際に，引き継ぎはどのように行われるのか，あるいは行われたのか

以上の質問によって，特定の自治体について詳しく分析するということではなく，オープンデータの開始についての一般的な傾向などを探ることを目標としております。
結果を用いた成果発表時にも，個別の自治体が特定されるような公表の仕方は行いません。

成果公表時の取り扱いを明示。

つきましては，ヒアリング調査に伺わせていただきたく，お時間をいただけましたら幸いです。

ヒアリング調査の依頼であることの明記。

大変勝手ながら日程は以下のいずれかを希望致しますが，難しいようでしたら，可能な日

時をご指定いただけましたら幸いです。
9月14日（木），15日（金），19日（火），22日（金），10月2日（月），3日（火），9日（月），10日（火），16日（月），17日（火），23日（月），25日（火），27日（金）
時間については，いずれの時間でも構いません。
ヒアリングには私一人で東京より伺います。

ご検討のほど，何卒宜しくお願い致します。

可能な日程を列挙。

訪問の人数を明示。

以下では，上記依頼文の構成について説明を加える。質問事項に関しては，別のファイルなどにまとめてメール本文に添付をするとよりよいだろう。

①調査依頼の送信について

この調査の際には，担当課の連絡先が把握できていたため，担当課宛てに依頼を送信した。宛先は担当者の氏名までは不明であったため，「担当者　様」としている。

依頼文では，こちらの素性を明記した上で，どのような意図をもった調査なのかを伝える。このヒアリング調査は，「政策過程におけるエビデンス記述・解釈に関する調査研究」の一環として行われたものであるため，その旨を明示している。

②調査の狙いや背景の説明

次に，具体的にどのような事柄を調査しようと考えているのか，その背景について簡単に説明をしている。この調査はオープンデータの政策開始に関するものであったため，オープンデータ政策に関わる背景情報を記載してある。

この背景の説明は必要に応じて加減すると良い。たとえば，依頼文を問い合わせフォームで送信する場合には，文字数の制限があることがあり，そのような場合にはこの背景に関する記述を適宜削ると良い。これは，背景に関する情報は少なくとも調査対象の行政職員は一定程度把握しているものと考えられるからである。

③インタビュー対象の選定方法

さらに，インタビュー対象の選定方法について説明している。この種の調査では，必ずと言って良いほど，「なぜ，当団体が選ばれたのか」という疑問を抱かれることになる。特に，全自治体の中からいくつかの対象を抽出している場合，「なぜ，うちが」というふうに疑念を抱かれることになるので，選定の理由を明確にして伝えたい。この選定理由は，後に研究論文を作成する際にも明記することが求められるため，この段階から疎かにしてはならない事項である。

この調査では，内閣府が公表していた資料に自治体名が記載されていたことを選定理由としている。もちろん，全自治体や全都道府県，全政令市や東京都内の全自治体といった悉皆性のある選定方法であれば，その旨を伝えれば事足りる。

④実施予定の質問項目の一覧

具体的な質問事項を列挙した。このように全ての質問事項を依頼時に伝えない方法もあるようだが，より多くの協力や回答を得ることを目指すのであれば，できるだけ依頼時に情報を伝える方が良いようである。不明な点が残ると，「回答できないことがあったら困るので，依頼を受けるのを避けよう」とされてしまうことにもつながるからだ。

この調査では，インタビュー調査の依頼を行っているが，何らかの理由により，インタビュー調査の協力を得られなかった自治体が存在した。しかし，そのようなインタビュー調査の協力が得られなかったところの中には，依頼時の質問事項について文書回答を送ってくれたところがあった。そのような回答の内容がこちらの想定した回答であるとは限らないが，こちらが質問したい事項について，おおよその回答は文書回答でも得ることができることは覚えておきたい。ヒアリング調査を実施するからといって，何が何でも現地に赴かなければならないと強行するのは得策ではない。

⑤成果公表時の取り扱いを明示

成果公表時の情報の扱いについても依頼時に伝えている。テーマの設定上，個別の自治体名が特定されるようなかたちでの成果公表にせざるを得ない場合もあるが，そのような場合には，当然，成果公表時にヒアリングの結果と個別の自治体名が結び付けられるかたちでの公表となることの了承を得る必要がある。

この調査時には，あくまでも一般的な傾向を探ることを目的としていたため，どの自治体がどのような回答を行ったのか。一対一対応にならないようにして，成果の公表を行った。

⑥調査日時等の明示

依頼の日程については，可能な限りの日程を列記する方式を採用した。なお，この調査時にも実際に行ったことであるが，依頼はひとつひとつ日程が決まり次第進めるようにした。こうすれば，各依頼時には，こちらが可能な日程を全て相手先に伝えることができるので，それだけ承諾される可能性が広がる。もちろん，各依頼で，こちらが可能な日程を分けて記載すれば，日程が重複するようなことにはならないが，それでは相手先に提案できる日程が限定されてしまい，それだけ承諾の可能性を狭めることになる。

「訪問は私一人で東京から」ということも明示している。この調査は研究助成による調査の一環として行われたものであり，研究代表の氏名（梶川）と依頼者の氏名（本田）が異なることから，最低でも2名の訪問があると誤解される可能性もあったため，1名による訪問であることを明記した。もちろん，複数名による訪問を予定しているのであれば，その人数を明示して伝える必要がある。

このような依頼文をメールでオープンデータ担当部署に送信した。この際，メール送信は東京工業大学のアドレスを用いて行った。これは当時の筆者の所属先であったことからそうしたわけだが，所属先のアドレスを普段使いしていない人もいることだろう。そのような場合でも，依頼時には所属先のアドレスを使用した方が相手先からの信頼を得やすいため，所属先のアドレスの使用を勧める。間違ってもフリーアドレスを利用した依頼の送信は避けるべきである。

6.3　日程の確定から訪問

6.2では，調査依頼文の作成について説明をした。本節では，実際に調査先を訪問してインタビューを実施するまでの一連のプロセスについて説明する。具体的には，以下の表6－2に示す3点について説明する。

①日程の確定

依頼の送信後，数時間後には依頼の可否の返信があるところから，1週間以上経過しても何の返信もないところもあった。

最初の返信時には，依頼の可否だけではなく，あらためて依頼の内容を確認するようなもののときもある。なかには，電話をほしいとの返信があるケースもあった。いずれの場合にも，承諾を前提に，疑問点や不明点を確認するための連絡であったため，質問に正確に回答すれば問題なかった。

悩ましいのは，1週間以上経過しても応答がない場合である。このような場合には，あらためて依頼文を送信することをまず検討する。

> 「○○月××日」に依頼の送信を致しましたが，この件，あらためてご検討をお願い致します。

として，さらに上記の依頼文を送信する。この際，もちろん，日程は最新のものにしておく。

承諾となったら，訪問の日時を確定させて，あとはアポイントをとった日時に現地に赴くだけとなる。

表6－2　日程の確定から訪問

項　目	説　明
日程の確定	調査日程の確定についての注意点をまとめる。
調査スケジュール	調査スケジュールを組む際の注意点についてまとめる。
訪問場所の確認	現地に到着してからの注意点についてまとめる。

ただし，ここで油断は禁物である。行政にも不測の事態が発生する。さすがに，前日や当日の中止や延期ということは起きにくいが，依頼からアポイントの日時まで時間があると，何らかの理由によって日程変更の依頼があることもある（この調査時には，約束していた担当者の方が急病で当日になって休暇を取られて，直属の上司の方が担当して下さったことがあった）。

あるいは，これはできるだけ避けたいことであるが，依頼側として日程変更をお願いしなければならないこともある。アポイントをとった日時前後にも，日程変更がある可能性を見越して，数日の余裕をもたせておきたい。

持ち物

調査先に訪問する前には事前に必ず持ち物を確認しておこう。プロジェクト等で多くの数の自治体を短期間に回る際には，極端な場合には，札幌市を訪ねた翌日に奄美大島に行くなどという日程になったこともある。このように過酷なスケジュールで調査日程を組んでしまうと，自宅や研究室などに立ち寄ることができないままに次の目的地に向かわなければいけないという事態も十分に生じうる。そのためにも事前に準備は万端にしておいた上で調査に臨みたい。以下では，調査を行う際に最低限必要になるものをリストとしてまとめておくので確認の際に参考にしてほしい。

②調査スケジュール

避けたいのは，訪問先Ａから訪問先Ｂへと連続した旅程を組むことである。この場合，一方の日程が訪問不可になったときに，もう一方にも訪問できなくなることが起きうる。交通の便の悪い場所が近接して調査対象になっていると，どうしても同一旅程にしたくなるところで，実際に訪問先Ａから訪問先Ｂどころか，さらに訪問先Ｃへという旅程を組まざるをえないこともある。ただ，可能な限り，一旅程で一訪問先とすることで，リスクヘッジを行いたい（あえて別々の旅程にすると，研究費執行上で問題があるとして，大学事務から旅程をまとめるように要請されることもあるようだが，調査の実態を踏まえれば，旅程をまとめることの方が非合理的である）。一旅程一訪問先であれば，もしも不測の事態が起きても，調査が未了となるのは一箇所で済む。しかし，一旅程複数訪問

表6-3　持ち物リスト

持ち物	説　明
ICレコーダー	調査に慣れている人の中には，「相手が身構えてしまう」という理由で「あえて持っていかない」という人もいる。ただし，調査経験が浅い人は可能な限りICレコーダーを持参した方が良い。
名　刺	特に学生などは名刺を持っていない場合が多いと思う。名刺がない場合にも何かしら身分を証明するものを持参しておいた方が良いだろう（学生証など）
ノート	メモを書き留めるためにも必ず持参しよう
筆記用具	消えてしまわないようにえんぴつではなくてペンを使用する。
調査資料	こちらが事前に調べておいた調査対象についての資料なども可能な範囲で持参しよう。その資料を示しながら質問をすることでやりとりが活発になるということもある。
質問リスト	事前にある程度質問が固まっている場合には，質問項目をリストにして手元においておくと良い。何もなしでインタビューを実施すると終了後に「あれを聞き忘れた」という項目が出てくるものである。

先とすると，一度に複数の調査未了が生じることになる。

訪問先への旅程については，宿泊を挟むことが可能であるか否かで，組み方が変る。宿泊が可能な場合には，万全を期すために，訪問先に前日入りすることを勧めたい。

飛行機や新幹線などを使う長距離移動が伴う場合，どうしても遅延や欠航の危険がつきまとう。日帰りで訪問先へ伺う場合，遅延であればまだしも，欠航であると訪問先へはたどり着けない。前日入りであれば，訪問先の近くまでは前日に到達しているので，途中までの交通機関が遅延や欠航，運休していても，現地の役所にたどり着けないという事態には陥りにくい。仮に公共機関のトラブルの場合であっても，わざわざ相手先が予定を空けておいてくれているのであるから，迷惑をかけないようにするのは最低限のマナーである。

ただ，余裕をもって宿泊を挟める旅程を常に組めるわけではない。そのような時にも，できるだけ冗長性をもった旅程を組みたい。飛行機利用であれば，できるだけ早く現地へ着ける便の利用を考える。新幹線や鉄道の利用でも，できるだけ早めの便を選ぶと良い。

訪問先が役所の場合，公共交通機関の起点や主要道路沿いにあることが多いため，到着までの所要時間を事前に予測しやすい。それでも，現地には1時間以上の余裕をもって到着するような旅程を組みたい。

訪問先に遅れるぐらいなら，訪問先の現地で約束の時間まで数時間過ごすことを選択するようにしたい。もちろん，余裕をもって現地に着いたからと言って，そこで観光をするようなことは控えたい。どうやら，研究者によるインタビュー調査と観光はセットであると考えられているふしがあり，筆者らが役所を訪問した際には，かなりの頻度で，「この後に，どちらかに観光されるのですか」と対応にあたって下さった職員の方から質問されることがあった。

③訪問場所の確認

アポイントの時間になったら，約束している部屋や窓口に伺う。普段は市民対応を行っていない部署では，どこが受付なのか分かりづらいところもある。基本的には，約束した部署のある部屋に入って，入口近くに在席している職員の方に訪問の旨を伝え，約束をした担当者を呼び出してもらえば良いだろう。

多くの役所では，各部屋の入口の壁に座席表が掲示してある。そのような座席表があれば，約束した職員の方の席がその部屋にあるのか確認することが可能なので，部屋に入る前に確認したい。

図6－1が座席表の事例である。ただ，この座席表があるからといって，当日，相手の職員の方が在席しているとは限らないので油断は禁物である。筆者らの経験でも，カウンターで取り次ぎをお願いしたら，座席表にある席ではないところから担当職員の方が現れたことがあった。あくまで，その部屋に席があれば，そこが訪問先であることに間違いがないことの確認になるだけである。

ただし，この「訪問先の部屋がそこで間違いない」というのは案外重要な確認事項となる。筆者らの経験では，「情報政策課にいらして下さい」との返信を受けたため，当日は本庁舎にある情報政策課の窓口に伺ったところ，その担当職員の方の席があるのは別の庁舎にある情報政策課の部屋であったことがある。その役所の職員の方にとっては，どの部署がどの庁舎にあるのか，そして，どの職員がどこに普段在席しているのかは自明であるため，詳しく説明をされないこともあるが，多くの場合に調査者は初めて訪問する場所であるので，庁舎の場所や部署の所在は事前にきちんと確認しておきたい（もちろん，少なく

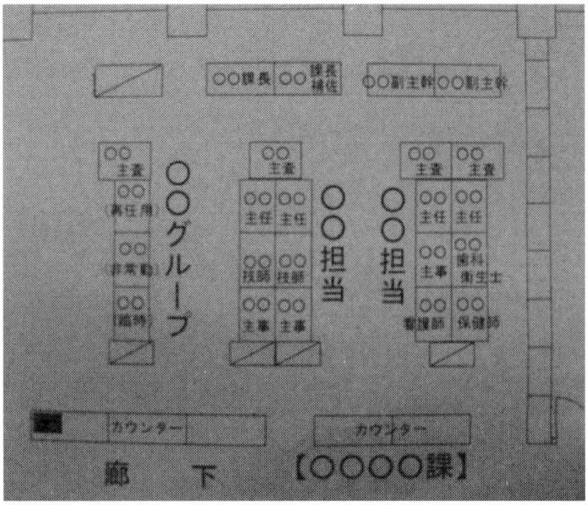

図6－1　**座席表**　春日井市役所ウェブサイト（https://www.city.kasugai.lg.jp/_res/projects/default_project/_page_/001/005/833/zasekihiyou.jpg）

ない場合で，訪問承諾の返信時に，「本庁舎○階△△課　担当□□まで」と明示されるので，そう心配する必要はない)。特に本庁舎の他に庁舎が複数あって，それぞれが離れている場合には十分な注意が必要である。

6.4　インタビューの実施

ここまでの手順を一通り終えるとようやくインタビュー調査の本番になる。以下では，インタビュー調査の各プロセスごとに注意すべき点など順を追って説明する。表6－4には，インタビュー調査を実施する際の一連のプロセスをまとめたものを示しておく。

①挨拶とお礼～録音の確認

約束した職員の方に取り次いでいただいたら，まずは挨拶とお礼を申し上げた後，インタビュー本番となる。

この際に，会議室や応接室に案内されることもあるので，それは職員の方の案内に従う。

席に着いたら，あらためて挨拶とお礼を述べた後に，録音実施の可否をまず

表6-4　インタビュー調査のプロセス

実施順番	実施事項	説　明
1	挨拶とお礼	挨拶とお礼
2	名刺の交換	名刺の交換
3	録音の確認	録音を行ってよいかの確認をする
4	自己紹介（アイスブレーク）	自己紹介と，簡単な雑談などで対象との距離を縮めるようにする。
5	時間の確認	調査対応に可能な時間を事前に確認しておこう。特定の話が盛り上がってしまい，最後の質問までたどり着けずに終了になってしまう場合などはとてももったいない。
6	インタビューの開始	事前に準備していた質問に関してインタビューを行う
7	雑　談	録音を止めたのちに（録音をしていれば），自由に語ってもらう。

確認する。録音を行いたいのであれば，その意向を伝えた上で，承諾が得られたら録音を行う。承諾が得られなかったら，録音は行わない。いずれの場合でも，録音機を所持している場合には，きちんと机の上に置いて，録音機を所持していることを明確にしたい。

②自己紹介～時間の確認

いきなり質問から始めても良いが，冒頭に，自己紹介を中心としたアイスブレーキングの会話を行いたい。何か当地にゆかりがあれば，その話をしても良いし，道中で記憶に残ったことや気になっている名所など，応対に当たって下さる方が話しやすいテーマで少しやりとりをすると，後の質問もスムーズに行うことにつながる。

重要なことは，インタビューの終了時間の確認である。当初予定より長く時間を取ってもらえることがあったり，逆に後ろに予定が入ってしまうなど予定より早い時間で切り上げられる場合もある。先方の時間を確認した上でインタビューを開始しよう。

③インタビュー調査の実施

ここからは，実際のインタビューとなる。すでに依頼時に質問を送信していると，相手先が回答を準備していることも多いだろう。そのため，工夫をしないと，質問と回答を繰り返して，すぐに最後の質問まで到達してしまうことになる。回答を誘導しないように注意しながら，半構造化インタビューであれば，各質問で話題を広げつつ，準備された回答に留まらない「深い」話を聞き出したいところだ。

話題を広げる際に役に立つのが事前の公開情報に関する調査である。公開情報に基づいて，「A については，公開資料①では，B と書かれていますが，今のご回答はBの一部分しか触れられていません。Bの残りの部分について，もう少し詳しくお話いただけませんか」といったように話題を膨らませていくと良い。このように話題を膨らませると，「公開資料①については，関連資料②があるのですけど，ご存知ですか」といった返答があることが著者の経験上は多い。

事前調査で，関連資料②についても把握しているケースもあるが，時には把握していなかった資料③の存在が明らかにされることもある。さらに，そのような資料の場合，現地でないと入手できないものであることもある。このように，現地に赴かないと入手できない資料を入手できる可能性があるのがインタビュー調査の醍醐味のひとつでもある。

各質問項目について話題を広げながら，話が弾んでくると，後半の質問項目で前半に行った質問項目に関連するような追加情報が明らかになることも少なくない。そのような時には，前の質問に戻ることを断わった上で，あらためて前に行った質問についての深掘りも行いたい。このように質問を行きつ戻りつすることができるのも現地に赴いて行うインタビュー調査ゆえの利点である[4)]。

準備した質問項目の全てについて質問と回答のやりとりが終わったら，それ

---

4) いかなる調査であっても，批判的精神をもって臨むことは重要である。問題は，目の前で応答にあたってくれる人物を行政の代表とみなして批判するような振る舞いは避けるべきであるということである。現地に赴き，担当職員と現前するというインタビュー調査ゆえの特性は時に調査者に不必要なまでの批判精神を喚起してしまうようで，特に注意が必要である。

で終了とはせずに，当該調査のテーマに限らない広い視点からのフリーな質問を行うと良い。

ここで事例として紹介したオープンデータに関する調査であれば，データや情報の扱い，あるいは当該自治体における情報政策といったことについて，簡単で良いので質問を行ってみると，結果として，オープンデータに関する質問では上手く引き出せなかったような回答を得ることができたりする。そのような突発的な回答は，当該調査の結果をまとめる際に，その内容を落とさざるを得ないが，後の新たな調査や研究のシーズになる。これも現地に赴いて実際の担当者から生の声を聞いたからこそ得られる効用である。

質問が全て完了したら，そこで終了をする旨を伝える。この終了の挨拶後は，いわゆるオフレコになるため，応答に当たって下さった職員の方から通常では聞けないような話を伺えるチャンスでもある。そこで伺った話も当然に調査結果や研究成果では利用できないが，次の調査や研究につなげたり，あるいは，調査結果や研究成果に「厚み」を持たせる意味で大変重要な情報となるため，頭の片隅にしかと刻み付けておきたい。

あとは，お礼を申し上げて，退去するという流れになる。退去時には，庁舎の簡単な案内をして下さったり，場合によっては庁舎の出口まで送って下さることもある。その時々で，応対に当たって下さった方に合わせれば良いが，庁舎の案内をして下さるような場合には，庁舎内にお土産を販売している場所があったりすることもあり，そのような場合には何か購入しておくと良いだろう。

一部の自治体には，調査研究目的であっても，訪問を受ける際には資料代を徴収したりし，協力の条件として同自治体内での飲食や宿泊を求める例もないわけでない。

調査研究に協力をしていただいたお礼は十分な調査結果や研究成果を残すことだとは思うが，さりとて，せっかくの訪問でもあるのでお土産の購入や飲食，宿泊での「お返し」も意識したいところである。

6.5　実施直後の注意点

庁舎から退去した後には，帰宅あるいは勤務先へ戻ることになる。この移動の際も，無為には過ごしたくない。空港や飛行機内，新幹線内などの時間を利用して，インタビュー結果について，簡単なメモ書き程度で良いので，どのようなやりとりがあったのかを記録しておきたい。

これは録音を行っていたとしても行いたい作業であり，録音を行っていた場合には，後の文字起こしの際にガイドとして利用できる。録音を行っていない場合には，メモを取りながらインタビューを行うので，そのメモを補強することができる。

帰宅・勤務先に戻ったら，まずはお礼の挨拶メールを送信する。ただし，もし文字起こしがすぐにできる場合や録音なしでメモ書きのみの場合には，早急にインタビュー結果の文書を作成して，それを添えてお礼の挨拶メールを送ると良い。こまめな連絡は大切ではあるが，お礼と結果の確認が同時に行えるのであれば，それに越したことはない。

インタビュー結果の文書は，文字起こしの場合にはある程度の整形をした上で，メモ書きであれば当日のやりとりを過不足なく表現した上で，相手先からの確認を取る。

少なくない場合で，確認を取ると，加筆修正がなされたものが返信されてくる。余程，当日のやりとりから逸脱した修正でない限り，それで確定ということで良いだろう。ただ，時折，少し話を盛った修正がなされることがあるので，そのような場合には事実となる資料などを示した上で，再確認を行いたい。

以上が依頼から結果の確定までの流れとなる。

これを一事例ずつ繰り返していくと間違いが起きにくいが，相応の数の対象を同時並行で調査する場合には，連絡が前後したり，連絡を忘れたりといった「混線」が起きることもあるので特に注意したい。

調査対象と応答状況の一覧表を作成して管理すると，そのような「混線」は起きにくい（詳しくは，第5章の表5-2を参照）。

6.6 まとめ

本章では，インタビュー調査実施時の一連のプロセスについて紹介を行ってきた。依頼先が行政ではなくとも，ここで紹介したインタビュー調査のプロセスは同様であり，汎用性のある内容となっているはずである。ただ，各所に依頼先が行政であるがゆえに注意を払う必要がある事項を織り込んであり，ここに本書の独自性がある。

6.1では，インタビュー調査を実施するに当たって一連のプロセスを把握してもらうために，時間軸とともに実施すべき作業を示した。

インタビュー調査の依頼を行う際に，依頼文の送受信は行政の担当者と，はじめてのコミュニケーションとなる。この最初のコミュニケーションがインタビュー調査の正否に大きな影響を及ぼす。そこで，6.2では依頼文の作成について筆者らが調査依頼を行った際に用いた依頼文の具体例を示しながら，それに解説を加える形で説明を行った。

6.3では，インタビュー調査の実施にあたって，日程の確定から実際の現地訪問まで注意を払いたい点についてまとめた。通常は，インタビュー調査は一度きりの機会である。インタビューが何らかの理由で不首尾に終わったり，これは依頼先には失礼にあたることにもなるが，インタビューが実施できなかったりすると，大変に都合が悪い。そのような不都合が生じないような心がけを，まとめてある。

6.4では，インタビュー調査実施時の注意点をまとめた。インタビュー調査の相手は，多くの場合に初対面の人物であり，会話が弾むとも限らない。前段でも触れたように，インタビュー調査の機会は一度きりであり，その一度の機会に必要な情報を得なければならない。調査の成果につなげるために，インタビュー調査実施には万全の対応をとりたい。

6.5では，インタビュー調査実施直後の作業の重要性についてまとめた。インタビューの録音の有無にかかわらず，インタビュー調査時の出来事は一回限りのことであり，事後に完全に再現することは不可能である。そうであるがゆえに，実施直後の調査者の記憶が確かなうちに，実際にどのようなやりとりがあったのかをまとめることの重要性は高い。そして，調査結果の確定を行うために，お礼と合わせて調査結果をまとめた文書を依頼先へ送信する必要がある。これらインタビュー調査実施後の作業についても，ここではまとめている。

インタビュー調査は，アンケート調査以上に，依頼先とのコミュニケーショ

表6-5　第6章のまとめ

節番号	節タイトル	内　容
1	インタビュー調査の一連の流れ	インタビュー調査を実施する際の手順について
2	インタビュー調査依頼文について	調査依頼の文章の書き方について
3	日程の確定から訪問	インタビュー調査のために現地訪問する際の注意点について
4	インタビューの実施	インタビュー実施の注意点について
5	実施直後の注意点	インタビュー実施直後に行うべき作業について

ンが重要となる。依頼から実施，その後のお礼から結果の確定まで，各場面でのコミュニケーションを間違うと，調査完遂に至らないこともある。いかに調査の意図を相手に的確に伝えて，調査の協力を得るのか。インタビュー調査実施に，いかに必要な情報を相手から引き出すのか。お互いに納得のできる調査結果をいかにまとめ上げるのか。その都度で丁寧なコミュニケーションを心がけることがインタビュー調査の成功の秘訣である。

ただ，実際のところ，インタビュー調査は手間がかかる。また，現地へ赴くための費用もかかるため，訪問のために要する時間も考え合わせると，実施可能な数も限定される。アンケート調査では可能な悉皆調査もインタビュー調査では困難である。さらに，わざわざ相手先に訪問せずとも，アンケート調査や公開情報で知りたいことは知れるということも少なくない。それゆえか，特に行政を対象にインタビュー調査を実施した成果の公表はアンケート調査を実施した成果の公表よりも少ないのではないだろうか。

しかし，インタビュー調査は実際に政策を担当している職員の話を聞くことで他の方法では得られない情報を得ることができる。いわゆる「現場の声」は他のなにものにも代えられない情報としての力を持っており，それを的確にまとめることができれば，それだけで十分な新規性を備えた成果にもなる。

ここで指摘しておきたいのは，インタビュー調査は実施するたびに，その習熟度が上がることである。最初にインタビュー調査を行ったときには，そもそもアポイントが上手く取れなかったり，実施できても相手から上手く話を聞き出すことができなかったりする。しかし，実施回数を重ねるうちに，依頼時や実施時の相手の間合いのようなものが身についてくる。特に，インタビュー実施時に，「ここで，もう少しこの話題を振ったら，もう少し詳しく話してくれるだろう」といったことは経験を重ねるうちに分かるようになる。相手との間合いを上手く詰めることで，他の調査者では引き出せなかった情報を得られるようになれば，インタビュー調査を実施するだけで，それが大きな成果にもつながる。

本書で示したインタビュー調査の手順を踏んで，何度もインタビュー調査を実施し，その経験を蓄積してほしい。なお，インタビュー調査の経験は一回の調査プロジェクトの中でも蓄積されうるものである。調査プロジェクトで10箇所の自治体を訪問すれば，最初のところよりも最後の10番目のところの方がインタビューの熟度が上がっていく。その結果として，最初に訪れた自治体と最後に訪れた自治体で，得られるインタビュー調査の結果が質量ともに異なってしまうということも起きうることに留意したい。経験の蓄積も考慮して，ある程度広く質問項目を設定しておくと，前半に訪れた先の結果の質と量が不十分となるという事態が避けられる。

コラム6　うまくまわる活動と硬直化する活動の違いについて

会津大学産学イノベーションセンター
藤井靖史

私は，福島県会津地域にて様々な産学官連携の活動に携わってきた。うまくまわる活動と，硬直化する活動の差について整理できてきたのでここで共有したい。

1　お味噌汁の中に構造が生まれる

お味噌汁が二つある。一つは熱々で，一つは冷めた状態（図1参照）。熱々の時はこのように模様ができる。冷めると味噌部とダシ部に分離してしまい，模様が消える。

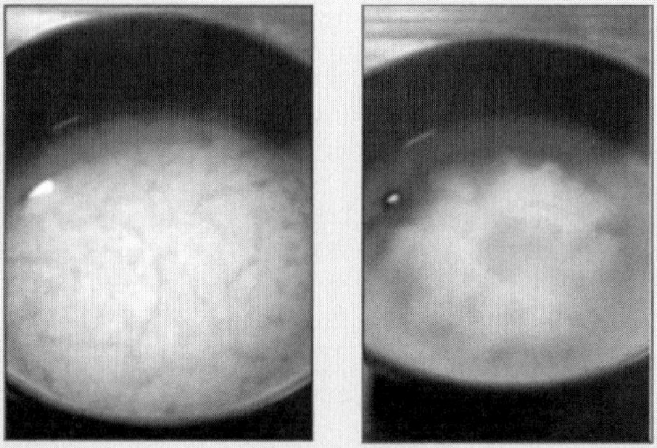

図1　お味噌汁の中にあらわれる構造

温かいお味噌汁は，お椀の上の方は温度が低くなり，下は閉じているので温度は高いままとなる。そうすると，温かい部分が上に行って，温度が低い部分が下に行くため，対流が起きる（図2参照）。それを上から見ると，この模様（構造）を観察することができる。これは「散逸構造論」の考え方で，0から1へ構造が創生される法則のことである。

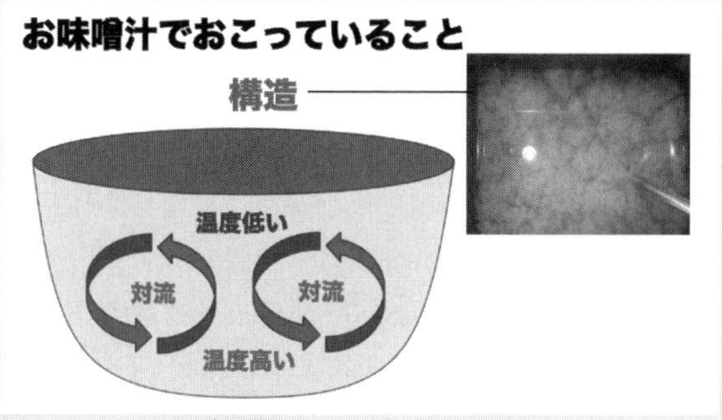

図2　お味噌汁の中にあらわれる対流と構造

構造が生まれる過程には順番がある。温度差→対流→構造の順にあらわれる。硬直化する活動の典型例としては，構造から対流を起こそうとする順番となる。自然界にその順番はない，温度差が対流をうみだして構造化するのであって，構造が対流を生むわけではない。経済が成熟して緩やかな時代においては，温度差から取り組むことが重要になっている。このゲームチェンジを意識しなければならない。

2　温度差から生まれてきた活動について

会津地域に赴任した際に立ち上げた団体がある。CODE for AIZU という地域のためにコードを書こうという活動である。この活動においても，まず実施したことはオープンカフェ会津という対話の機会である。地域の温度差を知るためには対話が重要である。全く同じ人間はいないために，どんな人が対話してもそこには温度差が存在する。オープンカフェ会津においては，テーマを設定（例，除雪や農業等）し，前半は地域で活動する人や全国で活躍する人が短めの講演を行い，後半に集まった方々で「聞いた話から自分たちに何ができるか」を議論する。対話→対流→構造化の順番となる。この活動からは多くの活動が生まれ，様々な企業や新興国で使われるようなソリューションをも生み出した。この活動がユニークなところは，組織が有名になることを期待しない。各々の活動が知られれば良く，組織が重要ではない。構造から考えない，対話対流を基本とする。

このような活動は農作業に例えることができる。我々の役割は土作りであり，技術は種（シーズ），良い土に良い種が植われば，いくつかは発芽し花が咲く。ここでのポイントは，自然界と同じで全ては発芽しないし，全てが成長して花が咲くわけではないことである。発芽しなくても花が咲かなくても，折れずに取り組める土作りが重要となる。失敗は土作りの一番の栄養となり，何度も挑戦するうちに再現性がでてくるのである。対話をして実践し，プロジェクトメンバーと信頼関係を醸成することが，構造化の土台となる。

CODE for AIZU の仲間として Code for Japan がある。同団体も同じく自然の法則にそって立ち現れた団体となる。日本で起こる様々な災害に対して，そのたびにプロジェクトが立ち上げられ全国の有志が活動する様は，世の中の自浄作用に期待せずにはいられない。理事の一席は毎年交代する決まりとなっており，会津の私から生駒，現在は佐賀の方が理事として活躍されている。これも対流を意図してのことである。

3　広域での連携，會津価値創造フォーラムについて

多くの地域において近隣市町村との連携がうまくいかないという声を聞く。とある町長が「会津はひとつというスローガンがあったが，いつの間にか会津はひとつひとつになってしまった」と分断を嘆いておられた。我々からの回答は「会津は一人ひとりを目指すべき」であった。組織から考えていた時代はひとつを目指した。現代はひとりひとりの生活を支え，それらが有機的なつながりでやわらかく構造化されている。現代における広域連携とはこのような状態と考える。

現在，会津総合開発協議会を母体とする會津価値創造フォーラムという任意団体を運営している。会津総合開発協議会は，昭和38年7月に会津全域の市町村長及び議会議長を会員とし設立された組織である。會津価値創造フォーラムは東日本大震災をきっかけとして，会津地域広域での展開を期待されて発足。当初の活動は数年で硬直化し休止となっていた。

我々が関わるようになったのは，同団体の副代表が磐梯町の町長となる

ことをきっかけとして，広域で活躍する人材が有機的に繋がったことにある。地域で活躍する方々は，地域との軋轢が必ず生じるために気づけば攻撃の対象となる。この状態が続けば，活躍する方も地域を去る。人材がいなくて困っている地方ではあるが，その生態活動において地域から人を排除する力学が働く。この悪循環を止めるためにも，広域でのつながりが重要となっている背景がある。少数で抵抗できないことを，面で対抗するためである。まさしくここには温度差があり，対流があり，構造化されたパターンとなる。

現在のフォーラムが目指すものが3つある。1つは広域連携。地域全体で人材を考えること以外にも，デジタル領域や鳥獣対策など広域で実施することに意味があることの広域連携を実施している。会津地方振興局管内のほとんど全ての市町村を巻き込んだ業務量調査を今年度中に実施する予定となっている。そのあとはBPR（Business Process Re-engineering＝業務改革）を広域で行う。これまで一つ一つの自治体で実施していたことが比較可能になり，解決策やノウハウを共有していくことが可能となる。地域の一人ひとりの生活を支えるための基盤を整えることを目指している。

次に地域教育。人口減少時代を迎えるにあたり，各地域に残る本質的な活動である文化，伝統，風習を守らなければならない。人工減少時代においては真っ先に削り落とされることが予想される。本質的なことに時間を使えるように，冗長な仕事を共通化して効率化を図る。具体的には，言語を統一すること。世代間，地域間，役職間で議論の言語が違うことが多々ある。基礎的な知識が不揃いであるためである。このような状態を避けるために，イベントをオープンに開催し，記録に残し，いつでもだれでも同じものを勉強できる状態をつくる。もちろんデータを重要視し，議論の空中戦を避けるために，土台としての数字を使う。

3つ目はテクノロジーの活用。新型コロナウイルスが蔓延する前から，オンラインを活用したイベントを実施している。会津地域は大変広大であるため，移動時間を考えるとオンラインである必要があった。業務量調査におけるAI活用，鳥獣対策でのGIS活用など，テクノロジーを活用することでこれまで難しかった課題に対して解決を試みている。

4　おわりに

うまくまわる活動と硬直化する活動の違いは，構造から入るパターンと温度差から入るパターンの違いである。現代は高度経済成長期とは違い，温度差から対流が起き，流れから構造を紡ぎ出す時代である。多額の資金が投じられた建物に対して，維持費で毎年赤字がでるという話をよく聞く。これは未来世代への負債となる可能性が高い。このような悲劇をさけるためにも，多くの活動のプロセスを見直して，産学官が信頼関係を醸成することが必要である。未来世代への責任として，自然界を模倣しながら具体的に活動していく必要がある。

第7章　データの整理

本章では，調査で収集したデータの入力および保管についてまとめる。まず，データの入力についてであるが，この点について，詳しい参考書等が少ない。社会調査法そのものについての講義やデータ分析の講義については多くの大学において充実させる方向にある。しかし，データの入力に関しては詳しい説明を受けるということはなかなか少ないのではないだろうか？

調査一般に関して言えることだが，データの保管に関しては細心の注意を払わなければいけない。行政職員の個人情報を取得するということはまずないと思うが，各々の自治体を代表して回答してもらっているために一つ一つの回答に対する責任は大きい。特定の事例を対象に実施するインタビュー調査の場合は，調査時点において回答自治体名が公開される前提で調査を引き受けてもらうことも多い。一方で，アンケート調査の場合には，「統計処理を施して，個人が特定されない」という前提で実施および協力してもらうことが多い。このような観点からも回答データの保管は重要である。また，特に分析が初めての人ほど軽視しがちな傾向があるが，データの入力には細心の注意を払わなければいけない。この時点で下手な入力を行ってしまうと，その後分析を行う際に大きな労力を払わなければいけないことになる。

7.1　調査データの整理

本書では，アンケート調査，インタビュー調査ともに取り扱っている。これらの調査で取得できるデータの形式はそれぞれ異なる。データの管理方法は次のとおりとなる。

①アンケート調査

郵送調査の場合

郵送調査の場合，調査票を送り，それに記入してもらった上で，返送してもらうというのが一連の流れである。調査票には個人特定に繋がる情報がある場合も多く，保管や管理には細心の注意を払う必要がある。

調査票の管理　対象数にもよるが，調査票は保管のためには場所をとることが多い。所属機関において文書管理に係る規定などが整備されている場合にはそれに従うのが確実であろう。

入力データの管理　調査票のデータをエクセル等に入力したら，これらの電子データの保管についてもよく考えなければならない。クラウド上へ保管することはセキュリティ上好ましくない場合もある。USBやHDD等に保存した場合には，研究室等で鍵のかかる場所で保管することが望ましい。

インターネット調査の場合

インターネット調査の場合，郵送調査とは異なり，調査票というものは物理的には存在しないため，調査票の管理に関する負担は小さい[5)]。一方で，インターネット上には回答が残り続けることになるので，情報管理の観点からも，調査終了後にはアンケートサイトの取り扱いをどのようにするのかをあらかじめ決めておくべきである。

自治体を対象にインターネットでの調査を実施する場合には，その方法だけで調査を完結させることは困難である。その理由は第4章や第5章でも説明した通り，自治体のインターネット環境によっては，回答フォームにアクセスできない可能性があるためである。この点に関しては，調査の準備時点において前提条件として必ず組み込んでおこう。

これらの事態を解消するために重要になってくるのが，代替の回答手段の提供である。筆者らが実施する調査においては，「エクセルでの質問票の添付」，

5)　特に居室が割り当てられていない大学院生などが郵送でアンケート調査を実施する場合は，これらの管理はなかなか大きな負担になることが多い。このような点でもインターネットを用いた形でのアンケート調査を行うメリットは大きい。

「郵送での質問票の送付」の2つの方法で対応している。大概の場合は，前者の方法で対応してもらえるが，ごく稀に郵送での回答を希望される場合がある。

インターネット調査の場合は，原則的にアンケートフォームから吐き出されたものをそのまま利用することができる。ただし，このアンケートサイトの存続期間に関しては注意が必要である。調査終了後には閉じる必要がある。だが，一部期間を過ぎた後の回答がある。そのため，終了後一定期間のゆとりをもっておいた方が良いだろう。

②インタビュー調査

インタビュー調査の場合は，よほど大型のプロジェクトでもない限り実施数はさほど大きくなることはないと考えられる。

音声データ

ここで注意すべき点は，IC レコーダーで録音を行った際の音声データの取り扱いということになるだろう。「オフレコだけれども」という前提で話してもらっていることや，話してしまったけれども，使ってほしくないなど色々な事情がある。音声データも記憶媒体に保存した上で，外部に流出しないように細心の注意を払おう。

特に注意を払う必要があるのが音声データのコピーの扱いである。IC レコーダーで録音をした後，文字起こし作業のために，音声データのコピーを作成することが一般的だろう。場合によっては，その音声コピーを文字起こしを依頼する業者に渡すこともある。作業をする中で作成したコピーの存在をつい忘れて，原本となる音声データのみを厳重に管理しても，それでは流出の防止といったことにはつながらない。デジタルデータであるためにコピーも容易であり，その分，管理にも困難がつきまとうが，コピーの作成は必要最低限に抑え，使用しないものについては適宜廃棄する手間を惜しまないようにしたい。

提供資料の取り扱い

現地にヒアリングに行くことの大きなメリットの一つとして，一般には公開されていない資料を提供してもらえるということがある。しかし，これに関しても要注意である。いくら素晴らしい資料でも提供者に事前の確認をすることなしに使用することは絶対に避けなければならないことだ。このような場合に，一番良いのはその場で確認することであろう。その時点では使用するかどうかわからなくても，レポート等をまとめる段階になって必要となるということはよくある。そんな時のためにも，調査時点において提供された資料に関しては，外部公開の可否について確認しなければならない。その時点で確認を取っておけば，多少際どい資料であっても「この部分は良いけど，この部分はだめ」などというように部分的に使用を認めてもらえるということはよくある。これが，後日電話やメールでのやり取りとなると細かい部分を確認することが困難なこともあって完全なNGとなることが多いのでよく気をつけるようにしよう。

一方で，ネット上で公開されているものや，配布物として紙になっているものに関しては，すでに誰でもアクセスできる状態にある情報なので，これらに関しては許可を取る必要はなく，どんどん活用するようにしよう。

なかには，配布物であっても，調査時点では入手困難になっているものもある。そのようなものを現地に伺うことで入手できることもあり，これは現地にインタビューに伺うことの利点でもある。場合によっては，一般には配布しなかったような資料を，「せっかくいらしていただいたので」と提供していただけることもある。

公開情報であっても現地でのインタビュー前には，その存在を把握できていないこともある。たとえば，インタビュー時に，「総務省から，こんな文書が送付されてきて」といった話を伺うことがあり，その場で，文書の実物を見せていただけることもある。インタビュー後，ウェブ検索を行うと，その文書を見つけることができることも少なくない。

提供された資料については，提供を受けた際に，その出所を明確にするようにする。そして，それが公開資料であった場合に，その出所から再度入手する手間をかけるのが適切だろう。公開情報についても，実際に何が現場で参考にされていたのか。これは現地でインタビューを行うことで明らかになることでもある。

7.2　データの入力方法

主にアンケート調査におけるデータの入力を念頭に説明をする。データ入力の方法と一言で言っても，収集したデータの回収枚数によっても考え方が違ってくる。ここでは，あくまでも行政機関を対象として実施した調査を念頭に説明を行う。

たとえば，全国の都道府県程度の数であれば，説明の手間などを考えてしまえば，自分自身の手で入力してしまうのが一番確実かもしれない。

一方で，全市町村を対象とすると，仮に全て回答があった場合1700件近い入力を行わなければならなくなる。このくらいの数になると，さすがに個人の作業だけでは手に負えなくなってきてしまう。このような場合に，データ入力を行う際に考えられる手段としては，およそ次の2つになるだろう。

①アルバイトを雇う

学内の場合，自分の研究室等の場所を提供してそこで作業をしてもらうことで，調査票の紛失や外部への情報流出のリスクは低くなる。一方で，入力のルールをあらかじめ明確にし，フォーマットを準備しておかないと，作業者によって入力の順が異なったり，入力の抜け漏れが起きたりする。

また，作業能力には個人差があるので，想定したよりも時間を要することもある。入力の抜け漏れの確認や各種調整を含めると，結局，自らの手で行った方が早かったということにもなりかねないので注意が必要だ。

筆者自身，これまでに経験をしたことがあるが，エクセル等にデータの入力をひたすら行う作業は「修行」以外のなにものでもない。入力ミスを防ぐためにも様々な工夫が必要になる。

ベリファイ入力

ベリファイ入力とは，二人のスタッフが同時に同じデータの入力を行い，それぞれの入力データを照合して確認する入力方法である。労力やコストは倍かかるが，確実な方法である。

入力フォームの検討

この点に関しては，一歩進んだ対応になる。数十件程度であれば，エクセルなどにそのまま入力していくということでもなんとかなるかもしれない。一方で，その数が数百件，千件を超えてくるとどれだけ注意を払っていても入力ミスなどが起こってしまうものである。このような場合には，入力を行いやすい画面の構築などを考えるべきであろう。アクセスなどのソフトウェアで入力フォームを作り上げるなど，ミスが起こりにくくなる工夫を行うなどの対策が必要になる。

②外部の企業に外注する

アンケート調査の外注に関しては，様々な発注の仕方がある。データの入力から，単純集計やレポートの作成まで引き受けてくれる企業が存在する。質問票やこれらをどこまで依頼するのかによっても金額は異なってくるが，決して安くない値段である。また，情報管理の観点から，外注の部分はできるだけ小さい方が好ましい。

7.3 データの入力に関する基本的な考え方

7.2で紹介したように，入力会社に外注する場合，基本的な入力原則や特別な対応の点についての打ち合わせさえ実施しておけば，ある程度実績のある会社であればしっかりしたデータセットとして納品してもらえる。

①アンケート調査　データ入力の基本

Tidy Dataの原則

Tidy Dataとは，ハドリー・ウィッカムによって提唱された概念である。「整然と整えられたデータセット」という意味であり，そのようなデータセットを作り上げるための基本的な考え方，データセットを分析に使いやすい状態とするための，3つの互いに関連する規則を紹介している[6)]。

6) ハドリー・ウィッカム，ギャレット・グロールマンド，『Rではじめるデータサイエンス』（オーム社，2017）を参照

1．各変数に専用の列がある。
2．各観測に専用の行がある。
3．各値は専用のセルにある。

（『R で始めるデータサイエンス」, p. 131）

この規則は，R でのデータ分析を容易に行うために提案されているものであるが，R に限らず，データを管理する際の基本的な原則として普遍性のあるものである。

②実践的なデータ入力

上述のような事情もあるため，アンケートサイトでの回答と，エクセル等でのフォームへの回答データをマージする必要が生じる。この際には，各々のエクセルでの回答データを一つのファイルにまとめた上で，アンケートサイトでの出力結果とマージする必要がある。

Google フォームでのアンケートを実施した場合，図７－１のように回答日時と時刻が示される。この際にデータ管理のために，ID を付しておく必要がある（図７－２）。

また追加で行っておきたいこととして，自治体の団体コードなども追加しておくと良い（図７－３）。紙のアンケート用紙のみでアンケート調査を実施した場合などは，自治体コード順に並べた上で入力していくのが一番よい。一方で，インターネット調査の場合は，回答時間の早い順にデータが入力されてしまうので，特定の順番に従ってデータセットを作るのはなかなか困難になるだろう。自治体ごとに割り振られているコードがあるので，そのコードを入力しておくことを強く勧める。このことにより，オープンデータ等によって総務省などがすでに公開している外部データとマージして分析を行うことが可能になり，分析の幅が格段に広がる。

1	Timestamp
2	2018/05/24 5:47:24 PM GMT+9
3	2018/05/25 11:39:23 AM GMT+9
4	2018/05/25 12:02:05 PM GMT+9
5	2018/05/28 3:05:33 PM GMT+9
6	2018/05/28 8:06:47 PM GMT+9
7	2018/05/29 10:51:51 AM GMT+9
8	2018/05/29 11:15:48 AM GMT+9
9	2018/05/29 4:38:49 PM GMT+9
10	2018/05/31 4:57:04 PM GMT+9
11	2018/06/04 12:03:25 PM GMT+9
12	2018/06/05 3:52:10 PM GMT+9
13	2018/06/07 11:24:47 AM GMT+9
14	2018/06/07 4:10:20 PM GMT+9
15	2018/06/07 4:31:19 PM GMT+9
16	2018/06/07 4:42:56 PM GMT+9
17	2018/06/07 5:41:26 PM GMT+9
18	2018/06/07 6:24:52 PM GMT+9
19	2018/06/08 3:42:38 PM GMT+9
20	2018/06/08 5:46:11 PM GMT+9

図　7－1

ID	Timestamp
1	2018/05/24 5:47:24 PM GMT+9
2	2018/05/25 11:39:23 AM GMT+9
3	2018/05/25 12:02:05 PM GMT+9
4	2018/05/28 3:05:33 PM GMT+9
5	2018/05/28 8:06:47 PM GMT+9
6	2018/05/29 10:51:51 AM GMT+9
7	2018/05/29 11:15:48 AM GMT+9
8	2018/05/29 4:38:49 PM GMT+9
9	2018/05/31 4:57:04 PM GMT+9
10	2018/06/04 12:03:25 PM GMT+9
11	2018/06/05 3:52:10 PM GMT+9
12	2018/06/07 11:24:47 AM GMT+9
13	2018/06/07 4:10:20 PM GMT+9
14	2018/06/07 4:31:19 PM GMT+9
15	2018/06/07 4:42:56 PM GMT+9
16	2018/06/07 5:41:26 PM GMT+9
17	2018/06/07 6:24:52 PM GMT+9
18	2018/06/08 3:42:38 PM GMT+9
19	2018/06/08 5:46:11 PM GMT+9
20	2018/06/08 6:37:41 PM GMT+9

図　7－2

7.4　インタビュー調査のデータ管理

インタビュー調査に関しては，各領域においてデータの取り扱い方が大きく異なる。たとえば，人文科学の領域において会話分析などを実施する場合は，インタビューデータの文字起こしは必須になるだろう。一方で，社会科学においては音声データの一言一句全てを対象とした文字起こしが必ずしも必要ではないと筆者らは考える。もちろん，文字起こしをすることによって，改めてインタビューの全体像を客観的に見渡すことができるなど大きなメリットがあることは間違いない。しかし，社会科学の場合は，会話のやり取りそのものに興味関心があるのではなく，会話の内容そのものに焦点が当てられている場合が多い[7)]。このような場合には，必ずしもインタビューデータの全文を文字起こ

7)　地域研究や行政研究の中には，オーラルヒストリーのような手法を採用するものもある。そのような研究では，インタビュー調査の結果について一言一句漏らさずに文字起こしを

ID	Timestamp	団体コード
1	2018/05/24 5:47:24 PM GMT+9	011002
2	2018/05/25 11:39:23 AM GMT+9	012025
3	2018/05/25 12:02:05 PM GMT+9	012033
4	2018/05/28 3:05:33 PM GMT+9	012041
5	2018/05/28 8:06:47 PM GMT+9	012050
6	2018/05/29 10:51:51 AM GMT+9	012068
7	2018/05/29 11:15:48 AM GMT+9	012076
8	2018/05/29 4:38:49 PM GMT+9	012084
9	2018/05/31 4:57:04 PM GMT+9	012092
10	2018/06/04 12:03:25 PM GMT+9	012106
11	2018/06/05 3:52:10 PM GMT+9	012114
12	2018/06/07 11:24:47 AM GMT+9	012122
13	2018/06/07 4:10:20 PM GMT+9	012131
14	2018/06/07 4:31:19 PM GMT+9	012149
15	2018/06/07 4:42:56 PM GMT+9	012157
16	2018/06/07 5:41:26 PM GMT+9	012165
17	2018/06/07 6:24:52 PM GMT+9	012173
18	2018/06/08 3:42:38 PM GMT+9	012181
19	2018/06/08 5:46:11 PM GMT+9	012190
20	2018/06/08 6:37:41 PM GMT+9	012203

図７－３

しする必要がないだろう。実際，社会科学の場合には多くの人数を対象にインタビュー調査を設計をする場合も多い。少ないインタビュー件数であれば文字起こしの作業量もそれほどではないが，インタビュー件数が数十件ともなってくると文字起こしにかけなければならない労力は多大なものとなる。

①分析用ソフト

インタビューデータを管理，分析するにあたってはNVIVO，MAXQDAなどのソフトが存在する。これらのソフトがあると，インタビュープロジェクトの管理から，分析までの作業が楽にはなる。価格は教育機関向けで，６万から

した上で，その内容を研究で用いるということも行われる。リサーチクエスチョン（RQ）の設定を研究手法の選択次第では，社会科学分野においても一言一句の文字起こしが必要となることもある。

10万円程度するので研究費等に余裕がある場合は導入を検討して見ても良いかもしれない。しかし，これらのソフトがなければないなりになんとでもなる。

②文字起こしをする場合

文字起こし

先述したように，社会科学系の調査の場合，インタビュー音声の文字起こしがなければ分析が進まないかと言われれば必ずしもそうではない。この点に関しては，研究の目的や，研究者のスタイルにも依拠するところであるので一方的な判断は難しい。ただ，ここで注意したいのは，全文の文字起こしをすると，そのこと自体が成果のように見えてしまい，報告書や研究論文にできるだけ多くの文章を反映させようという衝動にかられることである。あるいは，報告書や研究論文のかさを増すために，発言を長く引用するということが行われることもある。政府が外注した調査研究の報告書には，この種のインタビューの発言をただただ長く引用しただけというものが散見される。全文の文字起こしは手段であって目的や目標ではないことは心したい。

インタビューデータに関しても，アンケート調査と同様に企業に入力作業を外注することができる。外注した場合，インタビューデータの録音時間に応じて料金が設定されている（録音時間1時間につき2万円など）。

文字起こしツール

インタビュー音声を全て自身の手だけで書き起こすことは非常に困難である。そのような場合は，音声認識ソフトを活用することによって，文字起こしの時間を大幅に短縮することが可能である。これらのソフトは1万円前後の価格であったため，比較的容易に入手可能であった（ドラゴンスピーチなど）。しかし近年では，身近で利用可能なものだけでもGoogleドキュメントの自動文字起こし機能や，WindowやMacのPCでもこれらの機能が標準搭載されるようになってきたこともあり，有料の音声認識ソフトの販売はすでに終了してしまっているものが多いようである。2020年時点で筆者らが確認できた有料で販売されているツールは「Voice Rep Pro 3」のみであった（販売価格は1万円程度）。

③チェックシートによる確認方法

ここでは，チェックシートを用いたインタビューの質問に対する相手の回答内容を確認する方法について説明する。文字起こしの実施の有無については，どちらでも良いとしたが，チェックシートを用いた回答内容の確認については，文字起こしの実施の有無に関わらず実施した方が良い。

チェックシートを作成する

ここで言うチェックシートとは，インタビュー内容のうち，論文や報告書等に用いる予定のある項目ごとにインタビュイーの発言内容をまとめたもののことを指す。特に，公共機関を対象にインタビュー調査を実施する場合には，たんに個人の発言ではなく，その組織を代表した発言となるため，発言内容の取り扱いには細心の注意を払わなければならない。また，公共機関では３年程度で職場が異動になることも多く，そのような中で翌年度には，インタビュー実施時の担当者が異動になってしまい，後任者ではインタビュー内容の利用に関して判断ができないということが頻繁に起こる。そのためにも，インタビュー終了後なるべく早い時点で，インタビュー内容の主要なポイントについての回答をまとめてしまい，早い段階で内容を確認してもらうと良い。

一度このように，確認シートで確認をとっておくとそのシートをベースに論文をまとめる分には先方に迷惑をかけずに文章化することが可能である。

確認シートの具体的なイメージ

以下に，確認シートの具体的なイメージを図で示す。図７-４は先方に送るために，インタビュー内容の要点をまとめたシートである。インタビュー調査の場合は，アンケート調査と異なって「Ｑ１」に対する「回答Ａ」が明確に一対一対応することは珍しいと思うので，「質問をしたトピックごとにまとめる」などの工夫を行えば良い。これらのシートを送ると，インタビュイーが記述内容を確認して，修正を行ってくれたり，記述を追記してくれたりする。また，稀にインタビューで聞き取った内容をこちらがまとめたものを送ったことで，話してもらった内容を誤った形で解釈していた点に気づけたこともあった。これはインタビュー後に自分のフィルターを通して聞き取り内容結果をまとめ直すという作業を行って，初めて確認できたことである。他にも，このシートの返送と同時に追加の資料や今後の新たな取り組みの情報を教えてもらえたりすることもあり，非常に重要なプロセスの一つである。

Q1＊＊＊＊＊＊＊＊	Q1＊＊＊＊＊＊＊＊
回答内容の要約：＊＊＊＊＊＊	回答内容の要約：＊＊＊＊＊＊
	〔コメント〕
Q2＊＊＊＊＊＊＊	Q2＊＊＊＊＊＊＊
回答内容の要約：＊＊＊＊＊＊	回答内容の要約：＊＊＊＊＊＊
	〔削除要請〕
Q3＊＊＊＊＊＊＊	Q3＊＊＊＊＊＊＊
回答内容の要約：＊＊＊＊＊＊	回答内容の要約：＊＊＊＊＊＊
	〔コメント〕
Q3＊＊＊＊＊＊＊	

図7-4　確認シートのイメージ

7.5　まとめ

本章では，調査で収集したデータの管理方法から，入力方法，データ入力を行う際の基本的な考え方についてアンケート調査，インタビュー調査のそれぞれの視点からまとめた。本書では，一貫して実際に調査を行う場合に必要となる対応に光を当ててここまでも解説をしてきた。本章においても，参考書，講義・演習などでもあまり触れられていないデータの入力という点についてまとめた。調査の設計およびデータ分析については熱心に論じられているが，手順で見た場合にその中間に位置づけられるデータセットの作成に関しては軽視されがちである。一方で，データセットの入力をいい加減に行ってしまったり，統一したルールがないままに複数人で入力を行ってしまうと，その後が大変である。

まず7.1および7.2では，データの整理・入力についてであるが，この点について，詳しい参考書等が少ない。社会調査法そのものについての講義やデータ分析の講義については多くの大学において非常に充実している反面，その入り口であるデータセットの構築，管理に関する方法論を学ぶ機会というのはあまり多くないのではないだろうか。ここでは，アンケートデータおよび，インタビューデータについてどのように管理するべきかについて，特に自治体を対象とした場合の調査を想定して説明している。

7.3では，主にアンケートデータ入力を行う際の実践的な考え方について説明している。7.4は，インタビューデータの管理方法についての説明となっている。

表7-1　第７章のまとめ

節番号	節タイトル	内　容
1	調査データの整理	アンケート，インタビューそれぞれの調査で収集したデータの管理方法について
2	データの入力方法	調査データの入力方法について
3	データの入力に関する基本的な考え方	アンケート調査でのデータ入力時に考えるべきことについて
4	インタビュー調査のデータ管理	インタビュー調査のデータをどのように処理，管理するかについて

コラム7　官学連携を基盤とした地域オープン・イノベーションの創出に向けて

島根大学地域未来協創本部
服部大輔

私は，これまで独立行政法人，NPO 法人，私立大学，国立大学という4つの立場から，徳島県および島根県という2つの地方自治体との連携にコーディネイターとして関わってきた。そこで得られた経験を元に，地域のイノベーション創出を目指した地方自治体と大学の連携において何が重要なのかコーディネイター視点の考えをここで共有したい。

1　異なる性質の組織が協働することのメリット

大学が県庁のような異なる特性や役割を持つ組織とパートナーを組み協働していくことは，地域プロジェクトにおけるゴール達成のための，きわめて有効な手法である。それぞれの組織が持つ独自の強みをいかすことができるし，行使できることの種類やパワー，そして，その影響をおよぼす範囲も格段に広くなる。また，それぞれの組織の弱点を補い合うこともできるし，失敗を未然に防ぐためダブルチェックもできる。地方国立大学の教職員および県の行政職員は，それぞれ数千人の人材がいるので，これらの人脈をたどれば大抵のことはできてしまう。このように，大学と県が協業するだけで，さまざまな相乗効果をうみ出すことができる。しかしながら，現状では必ずしもそうならないか，むしろマイナスの影響が出てしまう事例も散見される。地域の官学連携において何が重要か以下に示していきたい。

2　現場レベルのパートナーと良好な人間関係を築く

官学連携では組織の役割や構造が異なるため，完全に両者の利害や方向性が一致することはありえない。そのため，官学が連携して何かを実行していくにあたり，さまざまな摩擦やトラブルが起こることが普通である。そのような際に，トラブルを解決するために最終的に役に立つのが，個人と個人の人間関係である。つまり，官学連携では現場レベルでプロジェクトを共に実行していく行政側のパートナーと良好な関係を築いていくことが大学側の人間にとって最も重要なことであると私は考えている。

そのためには，まず役職，年齢，性別，学歴等で相手を見下したり変に上に見たりせず，謙虚さを持ちつつも対等に付き合っていくことが肝要である。また，信頼関係を構築するために，定期的なコミュニケーションをとることが必要である。それぞれが相手側を訪問し，仕事の話に加えて，世間話や雑談をすることが有効である。また，会議の場において緊張を強いられて話をすることができない人間が多い場合は，プロジェクトが失敗する可能性が高い。コミュニケーション不足は，双方の信頼関係や安心できる場の雰囲気を損ない，ボディーブローのようにプロジェクトの進行や連携業務に悪影響を与え，やがてはプロジェクトの失敗につながっていくだろう。

3　県庁組織と大学組織の構造的な違いと問題点

県庁と大学は，組織構造が大きく異なるので，そのことを把握することは，相手を知るという意味で重要である。私の持っているイメージであるが，図１ａのとおり県庁組織では，首長を頂点とした上意下達のピラミッド型であるのに対して，図１ｂのとおり大学組織は，教員が小さな会社の

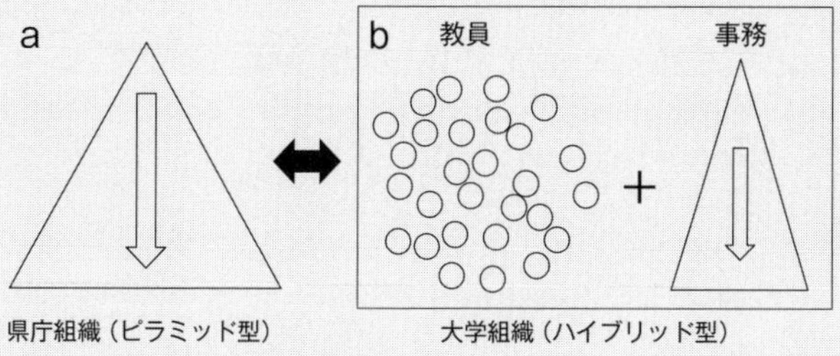

図１　県庁組織と大学組織の構造イメージ

社長のようにそれぞれが独立して存在しており，それにピラミッド型の事務が合体したようなハイブリッド型であると考えられる。たとえば，大学の教員はある程度裁量的な決定権を持っているが，県庁では部署の長の承認が必要であるといった違いがある。もちろん大学でも，「組織」対「組織」のような話になってくると部局長やその上の承認が必要である。

いずれの組織も規模が大きいことから，官学が連携するプロジェクトでは，決定する事項が大きくなればなるほど，承認するための人間も多く存在し，迅速性には欠けるし，イノベーティブな意見は棄却される傾向にある。迅速性や革新性が必要なプロジェクトについては，現場の連携体へ決定権をある程度移行させたり，意思決定者の数を減らしたりする等といった組織的なマネージメントが必要である。

4　行政職員の男女年齢別分布から分かること

県の組織構造について，もう少し詳しく分析していきたい。徳島新聞（平成29年12月11日）に掲載された平成29年４月の徳島県一般行政職員の男女年齢別の分布図を簡素化したイメージを図２に示す。これによると，女性職員は基本的にどの年齢層でも男性職員より少なく，一方で45歳以上の男性職員が極端に多いことが分かる。男性職員は，45歳から年齢が下がるにつれて人数が減少している。全体としては，「ハイカットスニーカー」

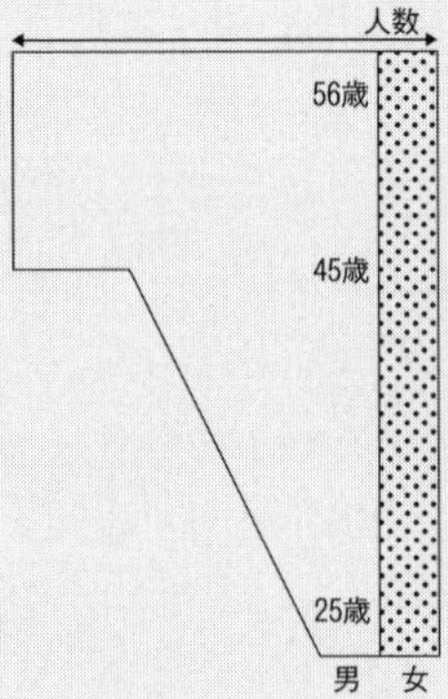

図２　徳島県一般行政職員の男女年齢別分布を簡素化したもの

を縦にしたような構造となっている。新規採用者を急激に増やしている自治体もあり，構造を「ワイングラス」に例えることもある。

年齢別分布図より，読みとれることは，高年齢層が多いため，指示者が多く，一方で実際の業務を遂行する職員が少ないことから，中間年齢層，若年層へのしわ寄せがある，もしくは高年齢層が本来は若手職員が行うような業務もかけ持ちで行う等の歪みが生じている可能性がある。また，高年齢層の役職不足，中間年齢層が高年齢層と若年層の板挟みになる等の問題が考えられる。大学側の人間は，図１，２のような行政組織の状態をある程度理解した上で，相手先の担当者がどのような状況に置かれているのか分析し，適切に対応していく必要がある。

5　連携形態の変遷とマッチングのための場づくり

地域におけるステークホルダーが連携してイノベーションを創出することを，ここでは「地域オープン・イノベーション」と呼称するとともに，これまでの地域オープン・イノベーションの変遷のイメージを表に示す。

表１　地域オープン・イノベーションの変遷

Phase	連携形態	説明
0	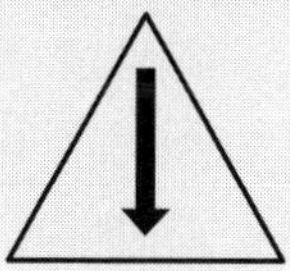	● 首長を頂点とするトップダウン ※県庁組織をイメージ ● 単一の組織内で業務を完結させていた
1	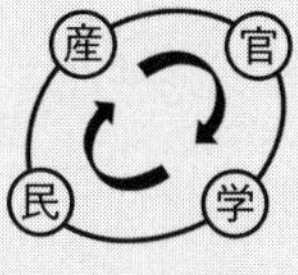	● 産学官民によるコンソーシアムを形成 ● 補助金の獲得のためこれまで主流となっていた ● 補助金終了後の継続性等に問題があった
2	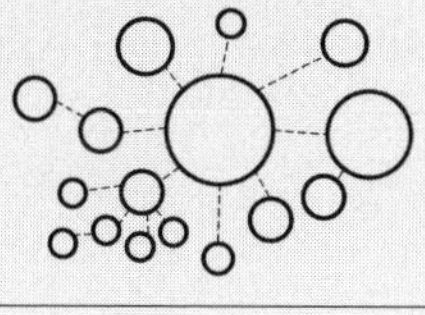	● SNSや個人的人脈により人々が有機的につながる ● 自律的にプロジェクトが動く ● オンライン・ミーティングツールにより情報共有が加速化 ※円の大きさは個人の影響力を示す

Phase 0の形態では，単一の組織内のみで物事が決定され実行されてきた。しかしながら，やがて図2のような歪な年齢分布による負の影響や国の政策等により，Phase 0の形態は，Phase 1へと移行していった。

Phase 1は産学官民が集まって緩やかなつながりを持ったコンソーシアムを形成し，期限を区切ってプロジェクトを遂行していく手法である。さまざまな分野のキーパーソンが集まって，強みをいかすことができるという利点があったものの，（1）外部資金獲得や連携自体が主な目的となってしまい継続性や本当の成果がない，（2）プロジェクトが終わると解散するので知識や技術が継承されないといった問題点も指摘されている。近年，コンソーシアム，委員会，協議会といったフレーム（構造）を作ることからはじまったプロジェクトが，なぜ失敗しやすいのかということについて，一部の行政機関や大学で議論されはじめている。

そのような中，SNSや個人的な人脈をつうじて有機的なネットワークが形成され，自律的にプロジェクトが動いていくPhase 2のような連携が注目を集めはじめている。また，コロナウィルスの影響のため，オンライン・ミーティングツールが普及しはじめたことから，物理的な距離にとらわれない連携や情報共有が加速化しつつある。自律的に動く連携体の形成には，マッチングのための少人数・双方向性の研究シーズ紹介や参加者同士が意見交換できる座談会等の取り組みが有効である。反対に，講師がただ話すだけのフォーラムやその場限りで完結してしまうワークショップは，波及効果が得られにくいためイノベーション創出という観点からは効果が薄い。地域オープン・イノベーションの創出のためには，今後，Phase 2のような自律的に動く連携体がうまれるよう官学が協力して効果的な「場づくり」を行っていく必要がある。

第8章　調査を終えるにあたって

本章では，調査結果を公表するに際して注意しておくべきことをまとめる。一般の人を対象とした調査の際には，調査協力への同意を取ったり，質問票のわかりやすい場所に「個人情報が特定されない形で公表する」と記入しておくことで問題がないだろう。一方で行政を対象に調査を実施した場合には必ずしもそうではない。

特に神経を使わなければいけないのは，必ずしも全てのやり取りが何らかの形式で記録に残らないインタビュー調査の場合であろう。選択式のアンケート調査や，文章での回答を依頼した場合は，形があるものとして調査データが残っている。一方で，インタビュー調査の場合は会話のみであり，本人も話している時点では問題がないと考えていても書面で見た時に問題と感じる可能性があることは十分に考えられるだろう。

それは，インタビュー調査で録音を行い，それを完全な形で文字起こししたとしても起こりうる事態である。「そんなことは言ったはずがない」ということは誰にでも起こりうる。インタビュー時に，会話の流れの中で発話された事柄も，文章化すると発話者の企図した内容ではないということは当然にありうることだ。調査結果の公表時に問題とならないように，インタビュー調査については，その実施後に調査結果を文書化し，それにつき応答者の確認を取ることが必須となる。

さらに，調査結果を報告書として協力者と共有したり，調査結果のデータを利用して論文を作成したりする際には，いずれも注意が必要である。

ここでは，調査結果の公開を行う際にトラブルにつながらないように注意すべき事項についてまとめる。8.1では報告書の書き方について，8.2では研究論文としての公表のしかたについて述べる。行政を対象に調査を進めるにあたってはここまででは紹介しきれていない様々な情報がある。そこで，8.3では行政を対象とした調査の実施について一通り方法をマスターした上で，さらにもう一段階調査を発展させたいという上級者に向けたTIPSを紹介する。

8.1 報告書の書き方

アンケート調査のような選択式や自由記述式と異なり，インタビュー調査の場合は，調査協力者が自身の回答内容を客観的に確認しにくいということがある。このような場合には，報告をまとめる際に特に注意を払わなければならない。以下では，特にインタビュー調査の報告書での取り扱いの際に注意しなければならない点についてまとめる。

①担当者の応答のニュアンス

インタビュー時の応答の仕方は，おそらく調査を何度か実施すれば，その都度微妙に異なるはずだ。特に，記録が残っていないような事柄に関して伺うと，どうしても記憶や伝聞に頼った応答になる。説明の順や言葉遣いも，その都度に異なることになりがちだ。そのような応答のニュアンスを正確に捕捉し，誤解が生じないように確認をしておかないとトラブルの原因になる。「本意として，そう言ったのか」は確定しなければならない。

②担当者の意見と組織としての見解

インタビュー時には，担当者個人の意見が表明されることもないわけではない。組織全体の方向性と全く異なる意見が担当者から表明されるということは考えにくいが，担当部局として当初考えていたこととは異なった方向で取り組みに当たらざるを得ないという状況であることもないわけではない。そういうときに，「個人的には，このあたりは難しいとは思っている」といった意見が表明されることがあった。

そういう意見は，あくまで個人的見解であるとの断りがあるのが通常であるが，調査結果をまとめる際に，そのあたりの断りを忘れて，組織全体の見解であるかのような書きぶりをしてしまうことがある。個人的見解を組織としての見解としてしまわないよう注意が必要とされる。

③オフレコ発言

インタビュー調査の対象は行政職員である。当然，相手も人間である。インタビューが盛り上がれば，当初は予定していなかったような回答を不意に行うようなこともある。いわゆる裏話や秘話の類を披瀝されることもある。

もちろん，「これはオフレコで」と断りを入れて，その種の話をされることもあるが，やりとりの中で不意に出るような話の場合，明確にどこからどこまでがオフレコなのか分からないこともある。

そのようなオフレコに分類されるような発言については，調査結果として公表することが当然行えない。どこからどこまでがオフレコなのか，事後に応答者に確認することが求められる。

④確認シートの作成

ここまで述べてきたようなインタビュアーとインタビュイーとの間のやり取りの行き違いを避けるためにも，インタビュー調査をもとに論文を執筆する際には，必ず確認シートを作成するようにしよう。確認シートの詳細については第７章においてすでに詳しく述べてあるのでそちらを参考にしてほしい。

8.2　研究論文としての公表

調査実施後の報告書と研究論文では，記載できる内容の範囲が異なる。

①調査方法の記録

これは見落とされがちだが，調査方法を可能な限り詳しく記録しておくことが肝要である。調査実施時には，当然に自らが関わる調査であるために，どのような期間に，どのような対象に対して，どのような方法で，調査を実施したのかは理解している。

しかし，それらの情報を適切に記録・管理しておかないと，事後に調査方法の詳細が不明になるということも起こりうる。たとえば，都合により調査期間

表8－1　報告書等に記載すべき情報

訪問日時	自治体を訪問した日時。
調査時間	どの程度の時間インタビューをしたのか。
調査対象	対象者の氏名や，肩書き等を記入する場合は事前に確認が必要。
調査場所	インタビューを行った建物の名前や部屋など。
調査方法	インタビューの実施方法。
対応者	対応者の人数，肩書き。

を延長した場合，最終的にどの期日まで調査したのかが不明確になることが起こりうる。

調査報告書や論文で，調査方法の詳細が記載されていないということも決して少なくない。複数で作業分担して調査を実施すると，結果として調査の全容を全員が把握しているわけではないという事態に陥ることもある。

研究チームとして調査を行っていると，このあたりの情報共有がうまくできていないといったことがどうしても起こる。何らかの個別の対応や例外的な対応を行った場合，調査協力を得られなかった場合やインタビュー調査の依頼であったにもかかわらず文書回答となった場合など，それぞれのケースについて詳細に調査実施時に行った対応について記録しておきたい。どのような手続きで調査を実施したのか。調査設計から調査実施の各時点で，正確に調査方法の記録を取り，途中経過についても記録を残しておきたい。

調査報告書や論文等に書くべき最低限の情報については，表8－1にまとめたので参考にしてほしい。

また，これとは別に個人用のメモとしてより細かい情報を書き込んだリストも作成しておくと，一定期間が経過した後でも記憶を呼び起こす際に役立つ。これらの情報についても表8－2としてまとめておいたので参考にしてほしい。また，このリストに関しては，自身の工夫によってさらに充実させることができる。たとえば，現地で撮影した写真などを添えると，当日の様子を思い出す上ではより効果的だろう。他にも様々な工夫があると思うので独自の工夫で充実させていってほしい。

表８－２　個人用メモや作業ノートに残しておくと良い情報

調査実施場所	インタビューに対応してもらった部屋の情報などを記録しておくと良い。些細な情報ではあるが，当時の記憶を思い出す際の手がかりになることもある。
組織体制図	自治体によって組織体制は異なる。どのような体制になっているのかというのも自治体の取り組みを知る上では一つの手がかりとなることも多いのでこれらの情報もメモしておくと良い。
提供資料	自治体によっては，資料を大量に用意してくれるところも多い。どこで，どのような資料を提供されたかを把握するためにもリスト化しておいた方が良い（近年では，観光パンフレットを渡される機会も増えてきた）。
対応者の肩書き	外部に向けて公表する際には，対応してくれた公共機関職員の情報は最低限にとどめておいた方が良いだろう。一方で，個人的なメモとして保存しておく分には，どのような肩書きの人が対応してくれたのかなど，より詳しい情報を記入しておくと良い。

②データの取捨選択

調査の結果は全て利用できるわけではないので，少し広く項目を立てておくと良い。

調査実施時には，「ついでに」と思って設けておいた質問項目が結果として重要な知見を得る質問となり，逆に，有力だと考えた質問で思ったほどの回答を得られずにその結果を利用できないということも起きる。広く項目立てをしておくと，結果として利用できないデータが多く手元に残ることになるが，それが後の調査や研究につながる可能性もある。

集めたデータは全て論文化するわけではないということを心にとめた上で，利用する結果データの取捨選択を慎重に行いたい。この点を調査設計時に考慮せずに質問事項を厳選してしまうと，「使える」結果が得られないということにもなりかねない。過大な質問項目の設定は調査協力者に負担にしかならないが，一方で多くの質問を行っておくと，それだけ多くの研究の素材が得られるということであり，抜けや漏れの発生を防ぎ，有用な結果を得ることにもなりやすい。大事なのは，「少し広く項目を立てておく」ということだ。

さらに，集めたデータは全て整理して使える状態にしておくことも重要である。ただ集めただけでは駄目で，使えるような状態に整理管理しておくことを心がけたい。論文化するために使えるデータだけ整理しても，それではデータの取捨選択が行えない。

ここで注意したいのは，調査を実施すると，その達成感から，入手できたデータを一度に論文化してしまいがちであることだ。かならずしも「一調査一論文」が好ましいとは言えないことに注意を払いたい。「一調査一論文」にこだわるあまり，論文が作成できずに，結果として調査を実施するも成果発表につながらないということも起こる。

一調査を複数の機会に分けて論文化して公表することに対して「調査のサラミ論文」と揶揄する向きがあるのは確かだが，さりとて，一論文で論じ切るには不十分なこともある。確かに，簡単な調査であれば，それをもとにあえて複数の発表機会を設けるのは失当だろう。それは業績の数を稼ぐ行為にしかならない。しかし，実際には一つの調査が一つの論文にまとまる程，話は単純ではない。あまり欲張らず，適当な粒度を設定して，実施した調査の結果を適切な機会に発表していきたい[8)]。

③倫理的配慮

匿名性の確保

アンケートとインタビュー，いずれのケースでも，相手先の承諾が得られている場合を除き，どの自治体がどの回答を行ったのかが明らかとなるような結果の公表は不可である。ある自治体の回答を紹介したい場合でも，匿名にするか，公開情報で裏付けられている事柄の範囲内で当該自治体について書くしかない。

ただし，調査対象とした自治体の一覧を匿名化してしまうと，そもそもいず

---

8)　各種の学会に代表される学術団体は，全国規模で実施する大会や地域レベルやテーマ別で実施する研究（発表）会を開催しており，いずれの機会でも調査結果の発表は可能である。もちろん，それぞれの学会で大会や研究（発表）会の位置付けは異なり，たとえば大会では完成した論文についての発表しか認めないというところもある。会員でなければ発表資格がないところも少なくない。そうなると，調査結果について発表すること自体が誰でも可能というわけではない。ただ，現在では関連するテーマについて複数の学会が存在することも多く，研究途上の内容でも発表可能な研究（発表）会を頻繁に設けている学会も少なくない。また，非会員であっても発表資格がある学会もある。調査結果の発表を行うことで，その内容に対して参加者からフィードバックを得ることができるため，積極的に発表の機会を利用したいところである。

れの対象について調査を行ったのか，第三者からは確認が不能になる。調査対象の一覧は顕名とし，個別の分析を行う際には匿名というのが現実的な対応策となる。

もちろん，顕名で問題ないという承諾を得られている場合には，特に匿名にする必要はないが，顕名で良い対象と匿名希望の対象が混在している場合，顕名の対象から匿名の対象が特定できてしまうこともあるので，注意が必要である。

評　価

アンケートやインタビューの結果から，対象となる政策や自治体を評価することもあるだろうが，その評価にあたっては根拠を明確にする必要がある。特にインタビュー調査の場合，応答者の応答具合に応じて，評価が変ってしまう可能性があることから注意が必要である。

応答が巧みであったり，親切に応答してくれたりといった場合には，その心証が調査者には強く残るため，それに引っ張られて評価が変動してしまわないように注意したい。あくまでもアンケートやインタビューの結果そのものを根拠に評価を行う必要がある。

アンケート調査と異なり，インタビュー調査の場合には，相手先の顔が浮かぶことから，どうしても好意的な評価や書きぶりになってしまうことがある。相手先に失礼がないように配慮するのは当然としても，それが行き過ぎると，評価の客観性を損なうことになる。

④謝　辞

報告書や論文では，協力者に対して謝辞を書くことが一般的である。しかし，どこまで具体的に協力者についての情報を記載するのかは検討の余地がある。

一番無難な方法は，「協力いただいた自治体の皆さま」に対して感謝の言葉を記す方法である。これであれば，特に大きな問題につながることはない。

もう少し踏み込むのであれば，個別の自治体名を列記する方法である。これも大きな問題につながる可能性は小さいが，漏れがあった場合などは失礼にあたるので注意したい。

さらに，個別の部署名や担当者名を記載する方法もありうる。少数の先進事例を対象にしたインタビュー調査の場合には，相手先の担当者も「著名な」職員であることも少なくない。すでに様々なメディアで，その担当者が顕名で登場していたりもする。少数の先進事例を扱い，顕名であることが了承された事例しかないような場合には，むしろ担当者の方の氏名を上げない方が失礼に当たる可能性すらある。

8.3 上級者向けのあれこれ

ここまで，行政を対象にした調査について，その実施方法を実践的に紹介してきた。それぞれ筆者らの経験に基づく記述であり，「どうすれば実現できるのか」という実践のコツを詰め込んだつもりだ。これを読んで実践すれば，予定した調査を完遂することができるとは思うが，実際に調査を実施したら，想定しなかったようなことが起こることも予想される。

そのような想定外の事態は，その全てを事前に予測することが困難であり，その対処方法をまとめるのも容易ではない。調査を実施すればするだけ，想定外の事態に遭遇し，その都度にできる限りの対応が求められる。いわゆる上級者ともなれば，そのような想定外の事態の対応の経験も蓄積され，さらに調査の成功へ向けた対応力も増していくものと考えられる。

ここで重要なことは，想定外の事態への対応を誤ると，調査自体が不首尾に終わり，成果発表につながらない可能性があることだ。何か問題があって，調査が完遂しないということだけは避けたい。

以下では筆者らが経験した出来事のうち公開できる範囲内の出来事について触れながら，その対応策を紹介したい。想定外の事態とは言え，おそらく以下に示す出来事と類似するようなことも少なくないはずであり，対応時に参考になるはずである。

①調査対象が友人・知人

調査対象が行政ということで，相手先にはそこで働く職員の方がいるわけだが，その職員の方が友人・知人ということも決してないことではない。

相手先が友人・知人であるからと言って，それが直ちに問題であるというわけではないが，特にインタビュー調査の場合には，相応の「やりにくさ」がある。もちろん，質問と回答は調査項目に関することであり，個人的なやりとりがなされるわけではないが，「良く知っている」関係ゆえに，踏み込んだやりとりがなされる可能性もある。踏み込んだやりとりで，他では聞き出せないような事柄を聞き出せるというのは調査の成果という意味では好ましいことではあるが，一方で，調査対象との関係性ゆえに一部の対象からのみ多くの情報が得られたとなると，調査結果の客観性や妥当性に疑念が生じることにもなる。

この点について，アンケート調査であれば，組織として何らかの確認がなされた上で回答がなされるため，調査者との関係性ゆえに回答が歪むことはない。しかし，インタビュー調査では，インタビュー時の状況に応じて結果に差が出ることもあるため，特に注意が必要である。

調査対象との距離感は全ての対象について一定であるようにする。偶然に左右される事柄ではあるが，調査対象が友人・知人，あるいは親族であったとしても，調査対象との関係性によって調査結果が歪まないように心がけたい。

②調査対象者との個人的関係性

①とも関係するが，調査対象者と既に面識があるということもある。アンケート調査の依頼後に，直接何かの機会に対象者と対面するということもないわけではない。これも直接の問題が生じるわけではないが，たとえば，「あの質問，どういう意図ですか」といった会話に発展することもある。当然，そのような質問を受ければ回答することになるが，この場合，調査対象の一部からは質問の意図を完全に把握した上での回答がなされることになる。対して，そのような関係性のない調査対象からは，質問の意図が正確に把握されたのかどうか分からない状況下での回答となる。回答の条件を揃えるという観点からは，このような偏りは好ましいことではない。

あるいは，ある部局に対して二度目三度目の調査になるといった際に，調査対象者と既に一定の関係性がある場合もある。経年変化を確認するために複数年次にわたって調査を行うような場合には，当然にそのようなことも起きる。これ自体，調査の性質上で仕方のないことではあるが，調査者と調査対象者との関係性ゆえに，調査結果に歪みが生じることのないよう細心の注意が必要である。

さらに，個人的関係性がある場合，インタビュー調査後に，そのまま食事に行ったりといったこともないわけではない。依頼時に，「そのまま退庁して，食事に行けるように，退庁直前の時間でどうですか」という応答がなされることもある。食事に行ったからと言って調査結果に影響を及ぼすことはないとは思うが，個人的な情が入り込むような事態はできるだけ避けたい。

このような場合に備えて，研究グループを作り，グループとして連絡を取ることで個別のやりとりが生じないようにしたり，インタビュー時にはその都度で調査者を変えたりといった工夫が求められる。

③想定していない結果に対する対応

調査を行う以上，ある程度は調査者側で想定した結果なり回答を持っている。もちろん，その通りの結果や回答が寄せられることばかりではないが，相手が行政である調査の場合には，その想定の範囲内に収まることも不自然なことではない。問題は，こちらが想定していない結果や回答があったときに，どのように対応するのかということである。

たとえば，「はい」「いいえ」で回答できる質問に対して，どちらとも受け取れる内容の回答をされることがある。アンケート調査で，「はい」・「いいえ」しか選択できないようにしておけば，そのようなことは防げると思われるかもしれないが，最後に自由記述の欄を設けておいたりすると，その部分で，「はい」・「いいえ」で回答した質問○番についてとして，追加の記述がなされたりするのだ。

インタビュー調査でも，「この質問に対しては，これこれの回答」と想定しても，まるで異なる事柄が回答されることがある。そのような回答は調査の中では例外となるので，その対象については，除外するという対応で良いとは思うが，調査対象数が少ないと，おいそれと外れ値だからということで対象から外すというわけにもいかない。

想定していない回答や結果が返ってきた際には，可能であれば，再度趣旨を確認した上で再質問をしたいところだ。特に，複数の質問項目に対して，その回答結果を見比べたときに，それぞれが矛盾したものになっているということもある。調査結果全体が整合的なものになるように，必要に応じて確認を行うことが求められる。

④インタビュー調査における想定外の展開

インタビュー調査時に，質問が盛り上がりすぎると，定められた時間内に調査が終わらないという事態も生じうる。逆に会話があまり盛り上がらずに予定していた時間よりもだいぶ早い段階で調査が終了してしまうということもある。インタビュー調査は相手あってのことでもあり，予定したインタビューの時間は確定しているものの，その時間内で何が起きるのかは常に想定外とも言える。

インタビューの経験が豊富であれば，過去の調査の事例や周辺の事例などの質問も間に挟みながら話題を広げたり，相手の回答をうまく要約して次の質問に移ったりといったことを行って，時間内で必要なことを聞き出し，かつ，やりとりを時間内に収める工夫も自然と行えることだろう。ただ，それはかなりの上級者ということになる。

相手に応じて想定外の事態が常に起こるのがインタビュー調査であるという認識を持つことが肝要である。

⑤調査者について調査済

調査者について調査済ということもある。インタビュー調査に訪問したところ，「これこれの研究について詳しく教えてほしい」と筆者らの研究について逆質問されることがあった。これ自体は研究者としては嬉しい事態ではあるが，調査をする側ではなく，調査をされる側に回ってしまうというのは想定外の事態である。

また，調査を実施する際に，調査者自身は自らが透明な存在であると誤認してしまうことがある。もちろん，調査者が調査結果に介入しないように注意するという意味では，調査者は透明な存在である必要があり，出来るだけそうあるように努めるべきであるとさえ言える。しかし，依頼先から見た調査者は透明な存在ではなく，明確に実態をもったものとして認識されることになる。調査依頼があれば，行政の側でその所属や氏名からウェブ検索を行い，どのような人物による調査なのかを確認されることもある。そして，インタビュー調査であれば，実地で実在の人物として応答を受けることにもなるのである。調査者は透明な存在ではなく，顕名性のある存在であることを前提として，調査に当たる必要がある。

はじめから，調査者について相手先が調査済ということを織り込んでおけば，特段の問題は生じないとも言えるが，調査者の都合を考慮しない応答がなされることがあることをあらかじめ心にとめておきたい。

⑥対象への介入

調査を行うこと自体が目の前の事象に介入することになる可能性があることには自覚的でありたい。調査実施には，まさか自らが行う調査自体が現実に大きな影響を及ぼすとは想定しないだろうが，実際には調査対象に介入を行うことになるという想定外の事態が起こりうる。

たとえば，調査対象となった先の自治体は，調査対象となったこと自体で当該政策について「お墨付きを得た」と認識しないとも限らない。優れた取り組みを行う自治体に対して，その後押しをするというのであれば，それ自体は社会的には有意義なことかもしれないが，純粋に調査実施ということで言うと，現象を歪めてしまうことはあまり褒められたことではない。何らかの調査実施が目の前に事象に介入する可能性があり，それが場合によっては，物事を悪い方向に導く可能性もあることを考慮したい。

また，優れた取り組みということに関連して，先進事例の自治体に調査依頼が殺到してその応対に追われ，結果としてその取り組みが停滞することにつながるという調査被害の可能性も配慮したい。

8.4　まとめ

第８章では，アンケート調査およびインタビュー調査を終えるにあたって実施すべきことおよび，調査上級者向けの考慮すべき点についてまとめてきた。8.1では，おもに調査報告書について扱ってきた。社会科学系のテーマで実施した調査である場合は，ここまでも論じてきた通り報告書を提出することは調査開始時からスケジュールの中に組み込んで動くべきだろう。広瀬氏のコラムにもあるように，調査に協力してくれた行政職員の人も何かしらの興味や必要な調査だと認めてくれたために回答に協力してくれていることが多い。自然科学の領域などでは，調査報告書を共有することがあまり一般的ではないようだが，研究自体に影響をおよぼさないのであれば可能な限り簡単なものでも報告書を送る作業は行っておくべきと考える。調査結果に対する問い合わせや，フィードバックによって，当初こちらが考えていなかった視点や，結果を解釈する上での有益な考え方などに気づかされることも多い。また，自身の研究で公共機関を対象にする機会が多い場合は，そのあとの関係性なども考えて良好な関係性を築くためにも報告書は必要であると考える。一方で，自身のテーマがあまり行政領域とは関わりが強くなく，一度きりの調査になってしまいそうな場合でも，協力をしてくれた人への最低限のフィードバックは研究実施者の責務であるし，今後も実施する研究者たちの研究に公共機関が協力してくれやすい環境を維持するためにも最低限のマナーと考えたほうが良いだろう。加えて，本章では，ここまでの章の中の記述には収まりきらなかったテーマについてもまとめて紹介した。

8.2では，研究論文として公表する際に注意すべき点についてまとめた。特に倫理的な配慮の点については細心の注意を払って論文執筆に取り掛かる必要がある。

8.3では，特に調査上級者が調査を進めていく上で考慮すべき点についてまとめている。調査の初心者や，行政とあまり関わりのない分野の読者の場合はここに記述されていることまでは配慮しなくて良いと思われるが，調査上級者の場合には十分に配慮すべき項目をまとめて紹介しているので確認してもらいたい。

コラム８　自治体との上手な付き合い方ができますように

株式会社地域情報化研究所
（元・三鷹市地域情報化担当部長）
後藤省二

前職では主に大学の研究者あるいは学部・大学院学生の方から様々な調査に関する協力依頼を受けた。典型的なパターンで説明し，データの宝庫である自治体との上手な付き合い方を述べるとともに，何点かの雑感を述べたい。

１　地域住民を対象とする調査を行う場合の協力

アンケート等の実施にあたり，対象としたい住民の抽出に関しての依頼を受ける場合がある。公益性が高いと認められる学術研究を目的とする場合には住民基本台帳の閲覧を条例や規則で認めている団体が多いと思われるので，当該自治体の担当部署に相談してみると良い。その場合は研究の目的，対象者（年齢や地域など），件数，個人情報保護上の注意，研究実施責任者等を明らかにする必要がある。件数が多い場合，あるいは対象者からの回答を多く得たい場合には，後述するように当該団体との共同研究として，自治体名で住民への依頼文書・調査用紙を送るとともに返送先を自治体にすると回答を得やすいかも知れないが，様々な準備も必要となる。

なお，住民基本台帳の閲覧に関しては，件数や時間により手数料を納付する必要がある。成人に限っての調査であれば，手数料等が不要な選挙人名簿の閲覧による場合も多いが，選挙人名簿の登載者は必ずしも住民基本台帳の現住者ではないことにも注意が必要だろう。

２　自治体の政策に関しての調査を行う場合

自治体の政策に関しての調査を受ける場合も多い。これも大学等からの調査依頼が多いが，その内容によっては回答を作成する担当部署にかなりの負担となる場合もあり，必ずしも協力を得られるとは限らない。負担を軽減するための工夫を行うと協力が得やすい。

記述式の回答は担当者が困る場合がある。特に政策的・政治的な判断を要する回答は上司に相談しなければならないし，回答内容が適切かどうかの判断も難しい。可能な限り，客観的に答えられる内容とし，選択式の回答方法であれば，協力も得やすい。

これらのことから，できれば調査を行う前に自治体の担当者と面談等を行い，調査の目的・政策の実況・類似する調査や統計資料・報告等の既存資料の有無を確認すると良い。国や都道府県に送る統計や報告は同様のデータを複数の団体から収集しやすくなるので，その点を考慮するのは重要だろう。

また，当該業務担当部署以外に，企画部門や情報公開部門にも併せて相談を行うことをお勧めしたい。情報公開部門では，その自治体の情報公開条例に基づき，保有する文書等の一覧（目録）を備えていることが多い。自治体の文書等の資料は有力な文献資料となる。また，自治体が発行する計画や統計等に関する文献類も整理し閲覧に供している場合が多いので，訪問されることをお勧めしたい。

企画部門では外部から調査や照会を受ける件数が多いこともあり，過去に自治体が行った調査，あるいは類似の調査依頼を受けたケースなどの説明を受けることができる場合がある。さらには当該分野の政策や事業を担当する部署を紹介してもらえる場会もあるだろう。

3　自治体との共同研究を検討する

自治体にとっても当該分野の調査研究を行うのは重要であるが，その実施にあたっては外部機関に委託等を行う場合が多く，委託費用（予算）の関係で調査研究が行えないことも多い。これらの自治体と共同で調査研究を行うことができれば，自治体側の協力も得やすくなる。共同研究の形態をとるには，相応のコミュニケーションを行うこと，経費や手間を負担することが必要であるが，検討に値すると思われる。

その際には，調査研究の目的や内容，仮説，先行研究などを説明するとともに，その調査研究が自治体にとってどのような効果（利用価値，メリット）があるかを説明し理解を得る必要がある。また，同時に自治体が調査研究を行いたい内容や理由，現状などを聴くことも重要である。調査研究の内容が，自治体が必要と考える分野等とある程度重複するのであれば，共同で調査研究を行うことの理由付けとなり，実施の可能性が高くなる。

特に，自治体の総合計画や分野別計画の策定・改訂の前には，担当部署では様々な調査を行うことも多いので，あらかじめそのような時期を調べ，その前に相談してみると良いだろう。

また，日常的に自治体関係者と接触の機会を持ち，意見交換や情報提供など行うことを通して，信頼関係を形成しておくのも重要だ。自治体の審議会や研究会等の相談を受けたら快く引き受けて下さると担当者も大変助かる。そのような形で，その自治体・地域を定点観察するつもりである程度の期間，付き合ってみるときっと色々なことが見え，地域の全体像を把握することにつながると思う。

4　自治体から前向きに協力を得るために

当たり前のことではあるが，以下の点には留意してほしい。

（1）　借りた資料などはきちんと返そう。
（2）　当該部署に負担のかからないような工夫をしよう。
（3）　個人情報の保護には特に注意しよう。
（4）　自治体は急に言われてもお金も人手もありません。
（5）　お世話になったらお礼の言葉を伝えよう。
（6）　依頼するのは忙しそうな人，話に耳を傾けてくれる人に。
（7）「前例がない」と言われても諦めないで，どうしたら最初の例にしてもらえるか，を聞いてみよう。
（8）　うまく共同研究の形になった場合は，折々に状況報告を行い，また，成果の報告会なども早めに準備しよう。
（9）　情報提供を受けて行った研究，作成した論文などは早めに報告を。特に研究成果を公表する場合は事前に知らせよう。

(10)　良い担当職員と出会ったら，その人をしっかりつかまえて，その職場から異動してもお付き合いを続けよう。

(11)　いつも互恵の気持ちを忘れないで。

最後に自治体の皆さんにお願いしたい。優れた研究者に眼をとめてもらえるように，日ごろからＰＲ力・情報発信力を高めておいてほしい。様々な統計や報告書を見て，数値等の変化に注目することも大切だし，窓口に来られる住民の皆さんや町の変化にもアンテナを張っておこう。変化があれば，理由などに仮説を立て検証を試みることはとても大切。そのためには，統計学の教科書を読み返したり社会調査法の教科書を紐解いてみることをお勧めしたい。そして大学等の研究者の方々との絆を大切にしよう。

きっとそのことが，あなたの街の問題の解き方につながるでしょう。

おわりに

本書では，行政を対象とした調査に着目して，筆者らの経験を基に，アンケート調査とインタビュー調査の実施についてその具体的な方法を紹介した。特に，調査実施時につまずきそうな点について詳しく解説した。

筆者らの調査経験は，二人が同時期に所属した大学院における演習での課題を起点とする。その後，研究者の道に進むことになり，同じようなテーマを選択していることから，一緒に調査を実施することもあり，調査実施の経験を一緒に蓄積してきたという側面もある。本書をとおして，その経験が広く利用可能なものとして今後調査を行おうとする人に還元されれば幸いである。

もちろん，二人の経験をもとにした記述であり，一般性を有さない可能性はある。また，公共機関と一口で言っても，それぞれ特性を有した存在であり，ある組織では妥当であっても別の組織では妥当でないということも当然にありうる。そういう意味では，本書の記述のとおりに調査を実施したとしても，その調査が必ず成功するわけではないということになる。

ただ，そのような組織ごとに異なる特性によって生じる不都合以前のところで失敗する事例を筆者らは目にしてきた。多くの場合でつまずきそうなポイントは本書で解説できていると考えており，まずは本書で示した注意点に気を配っておけば，少なくない場合において大過なく調査を完遂させることができるはずである。

今後，何らかの調査は様々な場面で推奨されていくことが予想される。少なくとも大学では，社会調査法に関する講義や調査結果の分析方法に関する講義などが充実していく方向にあり，講義や演習の課題でアンケート調査やインタビュー調査の実施が課されるということも当然に予想される。そのような中で，調査実施自体の「コツ」について教えられる機会がどの程度あるのかというと，およそ心許ないというのが現状ではないだろうか。「調査をいかに実施し，完遂するのか」という事柄を的確に教授している事例は，たとえあっても少ないのが現状だろう。その空白を埋めるのが本書である。

アンケート調査やインタビュー調査が実施されることが所与とされ，どのような質問を行うのかや，得られた結果をいかに分析するのかに関心が集まるなかで，特に本書で解説した調査実施の「コツ」は意義を持つと言える。

アンケート調査は，その対象を行政としないのであれば，広く一般的に用いられる手法になっており，本書でも紹介したようにGoogle フォームなどのツールを利用すれば，個人でも手軽に実施できるような環境が既に整いつつある。加えて，インターネットを用いたアンケート調査であれば，一定数の回答者を短期間で集めることも決して難しいことではなくなっている。さらに，調査結果の分析のために使用する統計分析ソフトも「R」のように無償で利用可能なものが広く使われるようになっている。かつてであれば高額のソフトウエアを利用しなければできなかった統計分析が無償のソフトウエアでも可能となり，学生レベルであってもデータさえあれば十分な統計分析を行うことさえ難しくない状況になっている。卒業論文をはじめとした各種の論文でも調査をもとにした実証的な内容が推奨される傾向が今後も強まることだろう。

そのような状況下で，調査実施自体はある種当然の事柄とみなされ，調査の結果として得られるデータの分析方法や分析結果に関心が集まることは想像に難くない。本書は，そのような状況になったとしても，その有用性を失わず，むしろ調査実施を円滑に進めるために読まれるべきものとして価値を持ち続けるはずである。このように調査が容易に実施できる環境になっているからこそ，調査実施時のプロセスの重要性は増してくるものと考える。

一方で，インタビュー調査は，筆者らが受講した大学院の演習の他の受講生がそうだったように，一度その調査を実施したきり，以降はその機会がないという人も存在するはずだ。特に，行政を対象としたインタビュー調査となれば，その実施自体が例外的である可能性もあるだろう。

ただ，行政を対象としたインタビュー調査は教育の場面では活用しやすく，今後何らかの調査方法について大学などで講義が行われる機会が増えれば，それだけ実施されるインタビュー調査の数は増えることが予想される。というのも，調査先が行政であれば，応答に当たってくれるのは行政職員であり，一般的に考えられるところで言えば，調査依頼を拒否されることは考えにくく，存外な扱いを受ける心配も小さいからだ。インタビュー調査に学生を送り出す方としては，公的な存在である行政は大変にありがたい存在であると言える。

特に，地域に関する研究を行うとなったとき，その地域における政策主体である自治体について調査実施を行うことが考えに浮かぶ。そのとき，まず思いつくのが行政職員に「話を聞いてみる」という方法だろう。役所であれば連絡先が分からずとも，その場所は明らかであり，まず訪ねてみるということが誰でもできる。そのようにして，安易に調査依頼を行ってしまうということが起きることが予想され，実際に「突然，窓口に調査のためといって訪問する人がいる」とも聞く。

そのような安易な調査の実施はインタビュー調査に限らず，むしろアンケート調査でこそ行われがちだろう。というのも，前述のとおりアンケート調査実施の敷居は下がっており，「行政であれば，調査票を送っても問題ないだろう」とばかり調査票が無分別に送付されることがあるからだ。

ひとつひとつの調査は各調査主体が行うものであり，その数は自ずと限られる。しかし，調査主体の数が増えれば，調査依頼の数も増えていく。対して，行政を対象にした調査であれば，調査を受ける主体の数は限定される。つまり，調査依頼の増加は調査を受ける側への単純な負担増につながるのである。

本書は，アンケート調査やインタビュー調査の実施を推奨するものであるが，それは同時に，ひとつひとつの調査について合理的なかたちで行われ，調査を受ける主体に負担になりにくい調査が行われることも願って書かれている。本書を読んで，多くの調査が実施され，なおかつ，その調査の受ける主体も快く協力ができる。そのような社会状況を作ることができれば，本書を執筆したかいがある。

おすすめ図書

以下では、基礎的なものを中心に，入手可能で初学者が手に取りやすいものを掲載している。

リサーチデザイン／問いの立て方

伊藤修（2011）．政策リサーチ入門　仮説検証による問題解決の技法．東京大学出版会

ウヴェ・フリック（2016）．質的研究のデザイン．新曜社

苅谷剛彦（2002）．知的複眼思考法　誰でも持っている想像力のスイッチ．講談社＋α文庫

近藤克則（2018）．研究の育て方　ゴールとプロセスの「見える化」．医学書院

サトウタツヤ，春日秀朗，神崎真実（2019）．質的研究法マッピング．新曜社

波平恵美子（2016）．質的研究 Step by Step 第2版：すぐれた論文作成をめざして．医学書院

野村康（2017）．社会科学の考え方――認識論、リサーチ・デザイン、手法．名古屋大学出版会

G. キング，R. O. コヘイン，S. ヴァーバ（2004）．社会科学のリサーチデザイン：定性的研究における科学的推論．勁草書房

社会調査一般

佐藤郁哉（2015）．社会調査の考え方（上）（下）．東京大学出版会

谷岡一郎（2000）．「社会調査」のウソ：リサーチ・リテラシーのすすめ．文藝春秋

廣瀬雅代，稲垣佑典，深谷肇一（2018）．サンプリングって何だろう：統計を使って全体を知る方法．岩波書店

盛山和夫（2004）．社会調査法入門．有斐閣ブックス

アンケート調査

小塩真司，西口利文（編）（2007）．質問紙調査の手順．ナカニシヤ出版
鈴木淳子（2016）．質問紙デザインの技法．ナカニシヤ出版
豊田秀樹（編）（2015）．紙を使わないアンケート調査入門：卒業論文,高校生にも使える．東京図書
宮本聡介，宇井美代子（編）（2014）．質問紙調査と心理測定尺度：計画から実施・解析まで．サイエンス社

インタビュー調査

佐藤郁哉（2002）．フィールドワークの技法：問いを育てる、仮説をきたえる．新曜社
鈴木敦子（2005）．調査的面接の技法．ナカニシヤ出版
スタイナー・クヴァール（2016）．質的研究のための「インター・ビュー」．新曜社
中井陽子,大場美和子,寅丸真澄，増田将伸，宮崎七湖，尹智鉉（2017）．文献・インタビュー調査から学ぶ会話データ分析の広がりと軌跡：研究から実践まで．ナカニシヤ出版
松浦均，西口利文（編）（2008）．観察法・調査的面接法の進め方．ナカニシヤ出版
山浦晴男（2012）．質的統合法入門——考え方と手順．ナカニシヤ出版

論文・レポートの書き方

明石芳彦（2018）．社会科学系論文の書き方．ミネルヴァ書房
浦上昌則，脇田貴文（2008）．心理学・社会科学研究のための調査系論文の読み方．東京図書
川崎剛（2010）．社会科学系のための「優秀論文」作成術：プロの学術論文から卒論まで．勁草書房
ポール・J・シルヴィア著,高橋さきの訳（2016）．できる研究者の論文作成メソッド：書き上げるための実践ポイント．講談社
ポール・J・シルヴィア著,高橋さきの訳（2015）．できる研究者の論文生産術：どうすれば「たくさん」書けるのか．講談社
松井豊（2010）．心理学論文の書き方：卒業論文や修士論文を書くために．河出書房新社

行政実務に関する参考書

以下に示す書籍は、業務や部署ごとに自治体における仕事の内容がわかるようにシリーズとして刊行されている。

「自治体の仕事シリーズ」

総務課、人事課、財政課、税務課、議会事務局、監査委員事務局、会計課と各課ごとに出版されている。それぞれの部署における業務内容を把握することができる。

「自治体の担当になったら読む本」シリーズ

「自治体の仕事シリーズ」と同様に、各課ごとに出版されている。

曽我謙悟（2019）．日本の地方政府：1700自治体の実態と課題．中央公論新社

行政研究の書籍

伊藤修一郎（2006）．自治体発の政策革新：景観条例から景観法へ．木鐸社
伊藤修一郎（2020）．政策実施の組織とガバナンス：広告景観規制をめぐる政策リサーチ．東京大学出版会
中野邦彦（2019）．地域SNSによるガバナンスの検証：情報通信技術を活用した住民参加．勁草書房
西出順郎（2020）．政策はなぜ検証できないのか：政策評価制度の研究．勁草書房

統計学・データ分析

今井耕介（2018）．社会科学のためのデータ分析入門（上）（下）．岩波書店
川端一光，岩間徳兼，鈴木雅之（2018）．Rによる多変量解析入門：データ分析の実践と理論．オーム社
鳥居泰彦（1994）．はじめての統計学．日本経済新聞出版
南風原朝和（2002）．心理統計学の基礎　統合的理解のために．有斐閣アルマ
樋口耕一（2020）．社会調査のための計量テキスト分析：内容分析の継承と発展を目指して．ナカニシヤ出版
三輪哲，林雄亮（2014）．SPSSによる応用多変量解析．オーム社
村田吉徳（2019）．数万件の汚いエクセルデータに困っている人のためのExcel多量データクレンジング．秀和システム

森田果 (2014). 実証分析入門　データから「因果関係」を読み解く作法. 有斐閣

安井翔太 (2020). 効果検証入門〜正しい比較のための因果推論／計量経済学の基礎. 技術評論社

山田剛史, 杉澤武俊, 村井潤一郎 (2008). Rによるやさしい統計学. オーム社

吉田寿夫 (1998). 本当にわかりやすいすごく大切なことが書いているごく初歩の統計の本. 北大路出版

索　引

◇ま　行

◇や　行

◇ら　行

著者紹介

中野邦彦（なかの　くにひこ）
1983年生まれ。東京大学大学院学際情報学府（社会情報学専攻）博士課程修了。博士（社会情報学）。現在は島根大学地域包括ケア教育研究センター助教。第13回日本社会情報学会優秀論文賞，第35回テレコム社会科学賞奨励賞を受賞。著書に『地域SNSによるガバナンスの検証』（2019，勁草書房），『地域づくりのコミュニケーション研究』（2017，ミネルヴァ書房，分担執筆）がある。

本田正美（ほんだ　まさみ）
東京大学大学院学際情報学府（社会情報学専攻）博士課程単位取得退学。修士（社会情報学）。現在は関東学院大学経済経営研究所客員研究員。情報処理学会山下記念研究賞，情報コミュニケーション学会第13回全国大会研究奨励賞，日本評価学会2013年度奨励賞を受賞。著書に『地域イノベーションのためのトポスデザイン』（2018，学文社，分担執筆），『市民が主役の自治リノベーション』（2007，ぎょうせい，共著）がある。

地域研究ハンドブック
行政からの調査協力を上手に得るためには

2021年5月20日　第1版第1刷発行

著　者　中　野　邦　彦
本　田　正　美

発行者　井　村　寿　人

発行所　株式会社　勁《けい》　草《そう》　書　房

112-0005 東京都文京区水道2-1-1　振替 00150-2-175253
（編集）電話 03-3815-5277／FAX 03-3814-6968
（営業）電話 03-3814-6861／FAX 03-3814-6854
堀内印刷所・中永製本

ISBN978-4-326-60337-4　Printed in Japan

https://www.keisoshobo.co.jp